JN097821

目黒 良門・志太 正次郎

戦略的

The 12 Basic Exercises on
Strategic Marketing

マーケティングの
基本演習 12 講

学文社

はじめに

　マーケティングの分野では，ICT 技術の進化もあいまって，日々新しいアイディアが追加されています。新しい発想や技術を活かすことは大事なことなのですが，本書が対象とするマーケティングを初めて学ぶ大学生が，それらに注目しすぎることに対して，筆者らは，2つの点で危惧を抱いています。

　1点目は，基本の考え方についての理解がおろそかになるのではないかという点です。マーケティングとは何か，企業はマーケティングによって何を成し遂げようとしているのかといった基本の問いに向き合うことなく，流行の新技術を学んでも効果的に活用されない危険性があります。

　2点目は，話題になるアイディアは，マーケティングにおける技法レベルのものがあり，全体像をとらえることは不可能であるという点です。個別のマーケティング技術の重要性は否定できませんが，それらは，企業の経営方針に基づいて戦略的に体系づけられなければなりません。上位の戦略に沿って整合性をもって組み立てられた技法でなければ，相互に矛盾が生じて消費者を混乱させたり，効率が下がったりしてしまうのです。

　これらの問題意識から，本書は「戦略的マーケティング」をテーマに，様々な技法を紹介することよりも，基本の考え方を身につけることを意識しました。前半は総論，後半では各論を解説しています。各論をつまみ食いするのでなく，前半の章を読み込んで戦略的マーケティングという概念を理解してください。また，すべての節に演習問題を提示することで，実際に自らが戦略的に考えることができるようにしてあります。本文を読むだけでなく，必ず演習問題に取り組んで理解を定着させてください。

2022 年 2 月 27 日

志太正次郎

<h1 style="text-align:center">・目　次・</h1>

第1講義
戦略的マーケティングとは何か

ここを学ぼう **戦略的マーケティングの基礎概念**

　「戦略的マーケティング」の考え方の基本とは，どのようなものでしょうか。戦略的マーケティングを実践するための思考トレーニングに先立って，戦略的マーケティングの基礎概念について理解を深めましょう。

　自由で創造的な市場適応活動のために，企業は市場適応活動をどうとらえるべきなのか，「戦略の本質」「戦略（策定）の原則」をしっかり学んだ上で，何が自由で創造的な戦略的マーケティングを阻むのか，戦略的思考を妨げる要因（心の要因）についても説明します。

1-1 戦略的マーケティングの本質

　今日，我々は企業経営や消費生活のあらゆる場面で，頻繁に「マーケティング」という言葉を目にします。書店に行けば，企業経営関連のコーナーには必ずマーケティング関連の書棚があり，マーケティングの名を冠した数多くの書籍が置かれています。大学でも「マーケティング」関連科目の人気は高いようです。

　しかし，マーケティング用語がこれほど身近になったにも関わらず，相変わらずマーケティングの意味は誤解され，その用語は間違って使われ続けています。頻繁に見受けられる誤解の一つが，「マーケティングとは"手段"（方法論）である」という誤解です。

　マーケティングとは正しくは何なのでしょうか。本書では，マーケティングを"組織が目的を達成するための環境適応行動"であると考えます。今日，マーケティングの主体は企業ばかりとは限りませんので，あえて主体を企業とせずに，ここでは広く組織と表現しました。ですから，企業活動に限定して，狭く再定義するなら，マーケティングとは"企業が利益を獲得し，顧客満足を達成するための市場適応行動"ということになるでしょう。

　さて，それでは環境適応行動にとって，必要不可欠なものとは一体何でしょうか。それは，環境適応行動のためのガイドラインです。いわば，"どのように行動すれば環境適応が進み目的が達成されるのか"について熟考した結果，導き出された「成功パターン」です。こうした環境適応のための「成功パターン」を戦略の方向性と呼ぶことも出来ます。

　つまり，戦略的なマーケティングとは，組織（企業）が目的達成（利益獲得）するための環境（市場）適応行動のことであり，環境（市場）適応に成功するた

めには，「成功パターン」としての戦略を学ばなければならないでしょう。すなわち，マーケティングは，環境適応のための「成功パターン」としての戦略と不可分の関係にあるのです。マーケティングは「販売のための方法」ではありません。戦略に基づく環境適応行動のことなのです。組織（企業）が環境（市場）に適応するための成功パターン（原則）を理解し，戦略的マーケティングの考え方を習得することが，本書のメインテーマです。

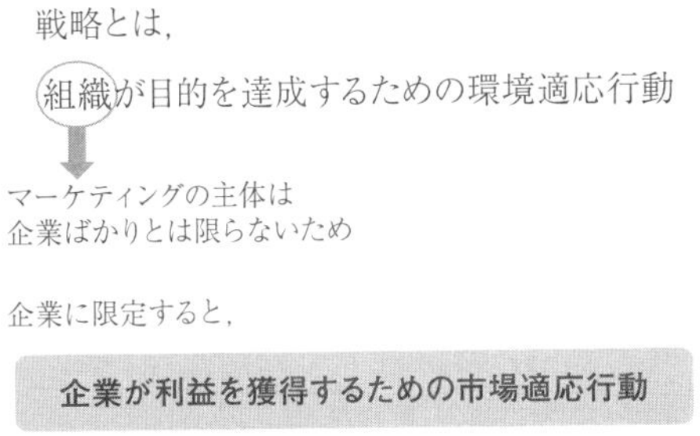

戦略とは，

組織が目的を達成するための環境適応行動

マーケティングの主体は
企業ばかりとは限らないため

企業に限定すると，

企業が利益を獲得するための市場適応行動

図 1-1　戦略的マーケティングとは：目的達成のための環境適応行動

　従来からの伝統的なマーケティング理論によれば，マーケティングは通常 4 つの手段の組合せにより実行されます。手段はマーケティングの実行にとってきわめて重要なものに違いありません。「製品：Product」「価格：Price」「流通：Place」「販売促進：Promotion」の 4 つの手段をどのように組合せ，標的市場に提供するのか。これら 4 つの手段もしくは要素の組合せのことを，マーケティング・ミックス（Marketing Mix）と言ったり，その頭文字を取って 4P ミックス（4P's）と言ったりします。複数の手段を組合せようが個別に取り扱おうが，これらはすべて目的を達成するための手段あるいはツールすなわち道具に過ぎないのです。

　しかしながら，我々人間は不確定要素の多い未知の課題に取り組もうとする時，どうしても目に見えるもの，物理的に把握できるもの，身近に存在するものに触手を伸ばしてしまいます。黙って思考を働かせる前に，どうしても目に

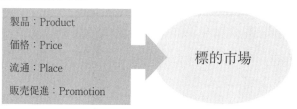

マーケティング手段の組合せ（マーケティングミックス）を標的市場にいかに
効率的に適応させるか

製品：Product
価格：Price
流通：Place
販売促進：Promotion

標的市場

図 1-2　伝統的なマーケティングの考え方（4 つの手段の組合せ）

見える事物（実際に存在する具体的な事物）に目が行ってしまうのです。本来，
戦略的であるべきマーケティングにおいて，戦略を思考するよりも先に具体的
な手段（例えば，自社製品やテレビ CM など）に目が向いてしまうのも同じ理由
によるものです。実際は，マーケティング諸活動において最も費用がかかるの
が，これらマーケティング手段ですから，企業は個別のマーケティング手段（「製
品：Product」「価格：Price」「流通：Place」「販売促進：Promotion」）を開発する前
に，まずはしっかりと，上述した適応戦略の「成功パターン」を学び，戦略の
方向性を定めなければならないのです。

成功パターン（行動の方向性）が不可欠

戦略的 ＋ マーケティング

成功パターン（方向性）に沿った市場適応行動

図 1-3　適応戦略の成功パターンが不可欠

もう一歩踏み込んで　―「戦略」と「手段」―

　ある知り合いの中堅アパレルメーカーの若手の社長と話をした時です。その社長は次のように話されていた。「わが社もいよいよ本格的にマーケティングをしようと思ってね。テレビ CM を作ることにしましたよ。」

　私は思わず尋ねました。「では，どのような顧客層がターゲットなのですか」「テレビ CM のコストはお幾らですか。その CM からどのくらいの収益が見込めるのですか」社長の口からは，テレビ CM 以外にマーケティングに関する言葉は，ついに聞かれませんでした。この社長が，［マーケティング＝テレビ CM］と考えているのは明らかです。我々の周りにはこの種の［マーケティング＝マーケティング手段］という誤解が多いことに驚かされます。

　確かに 1950 年代以降のマーケティング理論においては，マーケティングは 4 つの手段の組合せにより実行されます。手段はマーケティングの実行にとってきわめて重要なものに違いありません。「製品：Product」「価格：Price」「流通：Place」「販売促進：Promotion」の 4 つの手段の組合せのことを，マーケティング・ミックス（Marketing Mix）と言ったり，頭文字を取って 4P ミックス（4P's）と言ったりします。組合せようが個別に取り扱おうが，これらはすべて目的を達成するための手段あるいはツールすなわち道具に過ぎないのです。

　しかし，我々人間は不確定要素の多い未知の課題に取組もうとする時，どうしても，目に見えるもの，身近に存在するものに先に触手を伸ばす過ちを犯します。本来戦略的に考えるべきマーケティングにおいて，戦略を考えるよりも先に具体的な手段（例えば，テレビ CM）に目が向いてしまうのも同じ理由によるものです。

演習
課題

課　題　（1）

　戦略的マーケティングで用いられるマーケティング手段（マーケティング要素）は，「製品（Product）」「価格（Price）」「流通（Place）」「プロモーション（Promotion）」の 4 つに分けることができますが，その中で中心となる手段（要素）は，どれでしょうか。理由を含めて，考えてみましょう。

課　題　（2）

　ルイ・ヴィトンなど高級ブランドの外国製の財布（もちろん保証書がついた本物です）がお祭りの屋台で 1000 円の値札で売られていたら，あなたは買いますか。買いませんか。
　買わないのであれば，その理由を「マーケティング手段の組合せ」という言葉を使って説明してください。

課　題　(1)

　　中心となる手段は「製品：Product」です。4つの中で，製品だけが唯一モノとしての把握が可能なマーケティング手段だからです。つまりマーケティング手段の中で，消費者が最も理解しやすいものが製品なのです。また，顧客の購買の目的は，ほとんどすべて製品の中に埋め込まれています。"購買の理由"は消費者によって様々ですが，購買の目的はどの消費者においても共通しており，それは製品の中に存在しているのです。また，4つの手段の中で，最も多額の費用を要する手段である点も，「製品：Product」が中心的なマーケティング手段である理由です。

課　題　(2)

　　4つのマーケティング手段は，「組合せ」(Mix) として用いられます。企業はこの「組合せ」を標的市場に適応させることにより，顧客満足の達成を図ります。そのためには，2つの fit（フィット＝適合）が不可欠となります。マーケティング手段を標的市場に適合させる Target Fit（ターゲット・フィット）と，4つのマーケティング手段（個々の要素）の調和による Mix Fit（ミックス・フィット）です。マーケティング手段は顧客満足に向けてお互いにフィットし合っていることが不可欠なのです。屋台で大安売りされている高級ブランド品は，それらを構成しているマーケティング手段が相互に調和していません。そのような組合せから消費者が顧客満足を得ることは難しいのです。

1-2　戦略的マーケティングの基本 3 原則

①標的市場の「顧客ニーズ」について客観的に考えること

②複数の「マーケティング手段」を組合せとして用いること

③適用方法について「自由かつ柔軟に発想」すること

図 1-4　戦略的マーケティングの基本 3 原則

　次に，戦略的マーケティングの 3 つの原則について説明しましょう。まず，①「標的市場の顧客ニーズについて客観的に考える」についてです。

　消費市場を様々な基準に基づいてグループ分けしたものが，セグメント（細分化市場）です。定量的あるいは定性的な基準に基づいてセグメント化（細分化）することによって，それまで物理的にとらえ難く，可視化することも不可能だった消費市場が，自社の適応行動の対象として浮かび上がってきます。それらセグメントの中から，自社の資源（経営資源：人，モノ，カネ，情報）に照らし合わせて最も適応しやすいものを選択します。これが，標的市場（Target）です。

　このような顧客ニーズ探索のプロセスは，1940 年代にマーケティングの理論が確立された当初から現在に至るまで語り伝えられてきたもので，我が国においても，ほとんどのマーケティング教科書や研究書がこれを採用しています。このプロセスはあくまでも消費者起点の発想に基づいていますから，これを忠実に実行していけば，消費者ニーズを確実にとらえる事ができるのです。確かに理論的にはそうかも知れませんが，そこにはもう一つのリスクが隠れています。一般に，顧客ニーズはこれをできるだけ精緻に描いて行けば行くほど，具体的手段（製品やサービス）に近接していきます。ですから，主観的な視野に固執して顧客ニーズを考えて行けば，やがては現実からかい離した製品やサービ

9

スが創造されてしまうという恐れもあるのです。やはり，「標的市場の顧客ニーズについて客観的に考える」こと，つまり客観的な“視野”が非常に重要となるでしょう。

　原則②は，マーケティングの手段についてです。標的市場に適応するためには，マーケティング手段を用いなければなりません。繰り返しになりますが，ここで，手段とは「製品」「価格」「流通」「販売促進」のことです。これら4つの手段の組合せのことを，通常，マーケティング・ミックスと言ったり，頭文字を取って4Pミックス（4P's）と言ったりします。ここで注意すべきは，これらマーケティング手段は，4つの手段を組合せた一種の“複合体”として取り扱われなければならない点です。企業は4つの手段を組合せた“複合体”を，マーケティング手段として特定の消費者ニーズを有する標的市場に提供します。マーケティング手段の“複合体”をいかに効率良く標的市場に適応させるか。あるいは，させ得ないか。きわめてシンプルに捉えれば，これが戦略的マーケティングの究極のテーマです。

　最後に，戦略的マーケティングにおいて守られるべき原則の③「適応方法について自由かつ柔軟に発想すること」について考えてみましょう。
　市場適応のための戦略を構築する際に，多くの企業は他社の事例の中から適応行動の模範を探し出し，これに倣おうとします。様々な適応行動の成功ケースを探り，市場環境と企業の置かれた状況が自分たちのそれに最も近いものを探し出そうとします。こうした個々の成功ケースは，“ベストプラクティス”（Best Practice）と呼ばれています。
　ところが，注意しなければならないのは，こうした“ベストプラクティス”がすぐに自社のケースに当てはまるかと言えば，必ずしも簡単にはいかないということです。マーケティングにおける戦略の構築とは，適応に成功するための“仮説”を繰返し創造していく作業です。試行錯誤の中から作り出されてい

くものなのです。

　それでは，企業が市場適応に成功するために，より的確な仮説を見つけ出す方法があるのでしょうか。筆者は，その方法とは“これまでの行動や他者の行動にとらわれない，自由かつ柔軟な発想で適応方法の考察を行うこと”であると考えます。標的市場の選択と適応方法の開発について，自由かつ柔軟に発想できるか否か。自己の手段や他人の手段に惑わされずに，まったく新しい仮説を発想できるか否か。戦略的マーケティングにおいて最も頭を使うべきは，正にこの点なのです。

もう一歩踏み込んで　―4つのマーケティング手段―

　4つのマーケティング手段ですが，中心となる要素とは何でしょうか。それは紛れもなく「製品：Product」です。これには3つの理由があります。1つには，4つの中で，製品（もしくはサービス）だけが唯一物理的な把握が可能な手段だからです。あるいは目に見える可視的な手段と言っても良いかもしれません。つまり企業から提供される手段の中で，顧客が最も認識しやすいものが製品（もしくはサービス）なのです。2つ目の理由として，顧客の便益（顧客が欲している利益）のほとんどが製品（もしくはサービス）の機能や品質の中に埋め込まれていることがあげられます。"購買の理由"（価格が安い，広告に惹かれた等）は顧客によって様々ですが，"購買の目的"（機能の新規性やデザイン）はどんな顧客にも共通しており，その大部分が製品（もしくはサービス）の中に埋め込まれています。3つ目の理由としては，コストの問題があげられます。マーケティング手段とは「製品」「価格」「流通」「販売促進」の4要素の複合体です。それは同時にマーケティング手段と言うものが，企業経営において最もコストがかかる部分であることを意味します。プロフィット・センター（利益の中心）であると同時にコスト・センター（費用の中心）でもあるわけです。適応に成功すれば，マーケティング手段は利益増加に貢献をしてくれます。しかし，いったん適応を間違えると，マーケティング手段はどんどんコストを増加させて行きます。マーケティング手段の中でも，最も多額の費用を有するのが「製品：Product」なのです。

**演習
課題**

課　　題

　戦略的マーケティングを実践して大成功を収めた企業に，iphone，ipad 等のメーカーであるアップル（Apple Inc.）社があります。アップルの成功を〈戦略的マーケティングの基本 3 原則〉の③を踏まえて説明してみましょう。

〈戦略的マーケティングの基本 3 原則〉
(1) 標的市場の「顧客ニーズ」について，客観的に考えること
(2) 複数の「マーケティング手段」を組合せとして用いること
(3) 適応方法について「自由かつ柔軟に発想」すること

課　題

　アップル製品のユーザーの顧客ニーズとは何なのでしょうか。これは非常に重要な問いかけです。この場合の顧客ニーズは，強いて言えば，「いつでも，どこでも，ストレスなく，手軽にインターネットにアクセスし，他の人々と情報のやり取りをしたり，必要な情報を他から入手したりすること」になるでしょう。携帯やスマートフォンやパソコンといった「製品」は，あくまで，そうした真の顧客欲求を実現するための"手段"に過ぎません。

　仮に，アップルがそれまで生産・販売し続けていた"マック"というパソコンに固執していたら，モノとしての製品を継続して販売することのみを考え続けていたら，言い換えれば，モノ（製品）発想に固執し，真の顧客ニーズからの発想を忘れていたら，iphone や ipad などの新しい道具はこの世に登場していなかったことでしょう。

　アップル社は真の顧客ニーズについて，冷静かつ客観的にとらえています。アップル社は，従来の自己の手段（パソコンとい製品）に固執せず，顧客ニーズに応えるために，常に"自由かつ柔軟な市場適応方法"(3)を考えているのです。その結果として，変わり行く市場にフィットした，新たな製品を生み続けることが可能となるのです。

1-3　何が戦略を阻むのか

　適応のための有効な仮説を見つけ出し，そこから汎用性の高い戦略を導き出すためには，自由かつ柔軟な発想で適応方法を創造することが重要です。しかし，我々が市場適応のための仮説を構築しようとする際に，創造性とは真逆の力あるいは創造性を消し去ろうとする力が働く場合があります。この "戦略を阻む力" とは一体何でしょうか。

　米国のマーケティング学者 T. レビットは，戦略的マーケティングにおける自由な発想を阻害してしまうこうした人間の心の働きを「マイオピア」(Myopia) という言葉で説明しました。「マイオピア」(Myopia) とは「近視眼」という意味です。つまり，〈近くに存在する既存のマーケティング手段に固執し，企業経営全体および企業を取り巻く環境全体がまったく見通せなくなるような心の状態〉のことを「マーケティング・マイオピア」(マーケティング近視眼) と呼びます。「製品」「価格」「流通」「販売促進」の 4 つの手段の中でも，最もマーケティング担当者が「マイオピア」に陥りやすい手段が「製品」です。自社製品中心の発想が，いかに自由な発想による仮説構築や戦略創造を阻むのか，T. レビットはその著名な論文「Marketing Myopia」[マーケティング・マイオピア (マーケティング近視眼)] の中で説明しています。

　T. レビットの「マーケティング・マイオピア (マーケティング近視眼)」は，大きくこれを 3 つの視点でとらえることができます。「事業視点」「市場変化の視点」「市場競争の視点」の 3 つです。

　「事業視点」から説明していきましょう。T. レビットは，マーケティングを単に手段を用いた適応行動としてのみとらえるのではなく，これを企業経営のプロセスの中でとらえました。顧客ニーズを踏まえて，企業経営のプロセスを一から点検していったのです。企業経営プロセスの第一歩とは，"事業領域の策定" です。T. レビットは，次のように問いかけます。"あなたの事業とは何

Ｔ. レビットのマーケティング・マイオピア（マーケティング近視眼）
—「既存のマーケティング手段」に捉われてはならない！—

・事業領域策定
　⇒事業の本質を正確に定義すること

・市場競争の視点
　⇒自由な発想で新市場を構築すること

・市場変化の視点
　⇒顧客ニーズの変化に対応すること

図1-5　マーケティング・マイオピア

なのか。""あなたは自分の事業を見誤ってはいないか。"マーケティング近視眼に陥らないためには，まず初めに，真の顧客ニーズを踏まえ，自社の事業を正確に定義することが必要です。

　2つ目の視点とは，「市場変化の視点」です。すべての市場は，例外なく成長→成熟→衰退の過程を辿ります。こうした市場の変遷は，一般に「Product Life Cycle」（プロダクト・ライフ・サイクル，略してP.L.C.）としてとらえられます。ここにおける"成熟"とは，どのような状態を指すのでしょうか。それは，製品（あるいはサービス）が市場マジョリティ（最もボリュームのある顧客層）の顧客ニーズに適応出来なくなってしまった状態を指します。こうした不適応の原因としては，言うまでもなく，顧客ニーズの変化があげられます。市場に変化が現れた場合，企業は市場適応のやり方を見直さなくてなりません。つまり，戦略の修正を行うのです。T. レビットは，このような市場変化に対する"適応のやり直し"（戦略の修正）を行う場合にも，顧客ニーズを検討し，マーケティング・マイオピア（マーケティング近視眼）に陥らぬよう気を付けなければならないと戒めています。

　マーケティング・マイオピア（マーケティング近視眼）における最後の視点は，「市場創造の視点」です。市場が成熟し，飽和状態を迎えてしまった場合，い

かに素早く新たな市場を構築するかが，勝負の分かれ目になります。自由な発想で新たな市場適応の仮説を作り出せるか否かがポイントとなるのです。しかし，マイオピア（近視眼）に陥っている企業にはそれが出来ません。従来の標的市場と既存の製品に囚われてしまい，新規需要の創造まで想いが至らないのです。

もう一歩踏み込んで ―"ネズミ捕り器"の教え―

　本文で紹介したセオドア・レビット（Theodore Levitt）は，彼は自身の論文の中で，マーケティングの本質を表現するために，面白い物語を紹介しています。

　あるところに，「ネズミ捕り器」を作っている会社 A 社がありました。ライバル企業が増え，売れ行きは芳しくありません。そこで，多大なコストをかけ，製品に大幅な改良を加えました。それでも「ネズミ捕り器」は売れません。次に価格を下げることにしました。それでも「ネズミ捕り器」は売れませんでした。最後に，A 社は多大なコストをかけてテレビ CM を作成しました。資金はついに底を尽き，A 社は倒産してしまいました……。

　同じく「ネズミ捕り器」を作っている B 社がありました。B 社は「ネズミ捕り器」製造に関するすべての資産を売却してしまいました。そして，新たに「ネズミ除けの薬剤が入ったスプレー缶」を製造しました。ネズミが通りそうな所にこのスプレーを散布しておけば，主婦はもうネズミの顔を拝まなくて済むのです。スプレー缶はヒット商品となり，B 社は業界のリーダーに躍り出ました……。

　さて，この場合の顧客ニーズとは何だったのでしょうか。この場合の真の顧客ニーズとは，「ネズミがいなくなること」です。間違っても「ネズミ捕り器」が顧客ニーズではないのです。「ネズミ捕り器」は，顧客ニーズを満足させ，利益を得るための単なる"手段"に過ぎません。B 社は，顧客ニーズについて，冷静かつ客観的にとらえていました。従来の"手段"（ネズミ捕り器という製品）に固執し失敗した A 社に対し，顧客ニーズを客観的にとらえ，従来の手段（ねずみ捕り器）に固執せず，自由な発想に基づいて市場適応を行った B 社は，市場適応に成功したのです。

**演習
課題**

課　題　(1)

　本文で紹介したマーケティング学者の T. レビットは，米国の鉄道産業（長距離輸送鉄道会社）の歴史についても触れ，「マイオピア（近視眼）」に陥った鉄道会社は衰退し，陥らなかった鉄道会社は会社を存続させたと語っています。米国の鉄道会社はどのような「マイオピア（近視眼）」に陥ったと考えられるでしょうか。

課　題　(2)

　T. レビットは，同じく，米国の映画（制作）産業の歴史について触れ，「マイオピア（近視眼）」に陥らず，大成功を収めた映画会社の自社の"事業定義"について説明しています。「マイオピア（近視眼）」に陥らず，発展を続けた映画会社は，自社の事業をどのように定義していたと考えられますか。

課　題　（1）

　米国の一部の大手鉄道会社は，過去の成功に酔いしれ，「マーケティング・マイオピア（マーケティング近視眼）」に陥っていました。そして，顧客ニーズ中心ではなく，既存の自社製品（この場合はサービス）を中心に自社の事業を定義付けていたのです。この場合の真の顧客ニーズとは何でしょうか。それは，「速く，正確に，安全に，そして快適に，離れた場所に移動する」ことです。間違っても，「鉄道」というサービス自体が顧客ニーズなのではありません。
　ではこの場合，真の顧客ニーズとは何でしょうか。それは，「速く，正確に，安全に，そして快適に，離れた場所に移動する」ための「移動手段を提供すること」に他なりません。真の顧客ニーズにいち早く気づいた一部の企業は，鉄道事業を売却し，航空事業に乗り出しました。そして市場適応を果たしたのです。

課　題　（2）

　同様の事が映画会社にもあてはまるとT.レビットは指摘しています。かつての巨大映画会社の幾つかは，やはり「マーケティング・マイオピア（マーケティング近視眼）」に陥り，自社の事業を見誤りました。本来，自社の事業を"エンタテインメント事業"と定義付けるべきところ，映画を製作する事業ときわめて狭く定義付けていたのです。一方で，一部の成功した企業は，マイオピア（近視眼）から逃れ，自由な発想に基づいた新たな戦略を考え出しました。
　自分たちの事業を広く「顧客を楽しませること」と規定し，テレビ，テーマーパーク等の新たなマーケティング手段による市場適応を成功させたのです。

第2講義
市場適応の考え方

ここを学ぼう **市場適応方法とその評価**

　第1講義で述べたように，戦略的マーケティングとは，企業の市場適応行動の成功パターンの事です。そして，市場適応行動は，4つのマーケティング手段（「製品：Product」「価格：Price」「流通：Place」「販売促進：Promotion」）の組合せ（マーケティング・ミックス：Marketing Mix）を標的市場にフィットさせることにより実行されます。

　以上を踏まえた上で，本講では，市場適応の基本的な考え方について説明します。ここでは，押さえておくべき基本的な考え方として，対照的な2つの市場適応方法（統合化と適応化），市場適応の評価，適応を評価する基準の3つについて説明します。

2-1　市場適応の考え方

　市場適応は，4つのマーケティング手段（「製品：Product」「価格：Price」「流通：Place」「販売促進：Promotion」）の組合せ（マーケティング・ミックス：Marketing Mix）を標的市場に適応させることにより実行されます。これらマーケティング手段を市場に適応するための方法として，対照的な2つの方法があげられます。一つが手段の「統合化」，もう一つが「適応化」です。

　「統合化」（Standardization：スタンダーディゼーション）とは，単一のマーケティング・ミックスを用いて複数の標的市場にアプローチしようとする考え方です。企業経営において最もコストがかかるのが，マーケティング手段の開発です。手段の組合せパターン（マーケティング・ミックス）を数多く作らず，単一の組合せパターンで複数の標的市場にアプローチすれば，手段にかかる費用をセーブすることが出来ます。しかし，単一の組合せパターンで複数の標的市場にアプローチしようとするわけですから，当然，適応出来ない標的市場も出てきます。手段の効率化による競争優位性を確保できる半面，市場不適応のリスクも存在しているのです。

　これに対し，「適応化」とは，標的市場の数だけ組合せパターンを準備し，それら複数の標的市場に個別の組合せパターンを一つひとつ適応させて行こうとする考え方です。複数ある標的市場に，いわばオーダーメイドのマーケティング・ミックスを一つひとつ適応させて行くわけですから，不適応のリスクは激減します。しかし，標的の数だけ手段の組合せパターンを作らねばならず，費用は膨大になってしまいます。不適応のリスクは減るが，競争上の優位性は失われます。

　「統合化」と「適応化」の違いは，複雑なものではありません。各市場に共通の標的を見出し，それら共通の標的を狙おうとするのが「統合化」，市場そ

単一の手段の組み合わせパターン（マーケティング・ミックス）を用いて**複数の標的市場**にアプローチする考え方

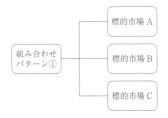

図 2-1　マーケティング手段の「統合化」

標的市場の数だけ組み合わせパターン（マーケティング・ミックス）を準備し，複数の標的市場に**個別の組み合わせパターン**をそれぞれ適応させようとする考え方

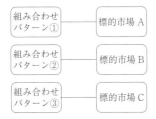

図 2-2　マーケティング手段の「適応化」

れぞれに異なる標的を見出し，一つひとつの標的に合わせていこうとするのが「適応化」です。単純化すれば，"コンパクトな手段でコンパクトな標的に対応するか""多様な手段で多様な標的に対応するか"の違いです。もっと俗な言い方をすると，"特定の人に愛されたいか""皆に愛されたいか"という二者択一になるでしょう。愛される側にとって，どちらがより幸せなのでしょうか。企業にとって，どちらの方がより多くの利益が望めるのでしょうか。

　これまで，多くの海外のマーケティング研究者が，この二者択一について検討してきました。特に，グローバルマーケティングの分野において，活発な議論が交わされてきました。多様性に富んだ，変化の激しいグローバル市場において企業が適応を図る場合，いかにマーケティング手段にかかるコストをセー

統合化	適応化
(＋)・手段にかかる費用をセーブできる	(＋)・市場不適応のリスク激減
(－)・適応できない標的市場が出現するリスクの増大	(－)・マーケティング費用の増大
↪・コンパクトな手段でコンパクトな標的に対応	↪・多様な手段で多様な標的に対応

図 2-3　統合化と適応化─それぞれのメリットとデメリット

ブし，利益を最大化するかが勝敗の分かれ目となります。だからと言って，選んだ標的以外の部分（いわば市場の残りの部分）をすべて諦めてしまうと，競合製品・競合企業の参入を許す結果になりかねません。しかしながら，この「統合化 vs. 適応化」の二者択一は，現在ではまったく不毛な議論であると言っても良いでしょう。これについて，世界的に著名な戦略研究家のマイケル・ポーター（Michelle E. Porter）は，興味深い見解を示しています。マイケル・ポーターは，「統合化」について検討する際の前提として，標的市場に関する一つの分類基準を提案しています。その基準とは，標的となる顧客層が"新しい情報に対して強い好奇心を抱いているかどうか"ということです。そして，マイケル・ポーターは，"新しい情報に対して強い好奇心を抱いている"顧客層に対しては，「統合化」に基づく戦略こそが有効であると言っています。本講義では，マイケル・ポーターの言う「情報への好奇心」に，「情報獲得への願望」と「情報リテラシー能力」を加えたいと思います。

　例えば，新商品情報に対する好奇心が旺盛で，そういう情報を収集することに熱心で，パソコンや情報端末を見事に使いこなしている顧客層を想像してください。一言で言うなら，"情報感度が高い"顧客層です。このような"情報感度が高い"顧客が各市場に確実に存在することがわかっているなら，企業はためらわず「統合化」を実行すべきなのです。

もう一歩踏み込んで　―スターバックスの統合化戦略―

　戦略的マーケティングにおける「統合化 vs. 適応化」の問題の具体的事例と
して筆者がしばしば取り上げるのが，カフェ・チェーンの「スターバックス」
です。「スターバックス」は自社の標的市場を“流行に敏感で”“情報リテラシ
ー能力が比較的高く”“自分のライフスタイルにこだわりを持っている”“都市
住民”に限定しています。世界各国のカフェ市場にこうした層が一定ボリュー
ム以上存在していることを確認した上で，「スターバックス」は主要大都市に
チェーン展開を行いました。世界各国に分散する標的市場に対して，ほぼ単一
の手段の組合せパターン（マーケティング・ミックス）でアプローチしているの
です。香港の店舗を訪ねても，東京の店舗においても，我々はほとんど同一の
「製品」「価格」「流通」「販売促進」を目撃します。

　「スターバックス」は，限定的な手段の組合せパターンで世界各国の標的市
場にアプローチしていますから，かなり効率的に市場適応を行っていると言え
ます。しかし，ほぼ単一の組合せパターンで複数の標的市場にアプローチしよ
うとしているわけですから，各国において市場不適応が発生します。スターバ
ックスには行きません…と明言する消費者が世界中に存在することもまた事実
なのです。

　しかし，「スターバックス」は不適応がいかに多く発生してもお構いなしです。
自分達が提供するマーケティング・ミックスを好まない消費者がいることは重々
承知です。“あらゆる消費者から愛されたい”とは思っていないわけです。全
世界に存在するコアな顧客に愛してもらえればそれで良いわけです。それら双
方のタイプの顧客が存在することを前提に，「スターバックス」は戦略的マー
ケティングの基本枠組みを構築しています。

演習
課題

課　題

　次に示す製品／サービス（1〜6）の戦略の基本的な方向性を「統合化戦略」
「適応化戦略」のいずれかに分けてみましょう。また，その際に，それぞれの
"標的市場の特質" についても考えてみましょう。

1　Starbaccus Coffee

5　Apple（アップル）

3　TOYOTA

2　McDonald's

4　Porsche（ポルシェ）

6　Panasonic

図　統合化戦略？　それとも適応化戦略？

課　題

1　Starbaccus Cofee（スターバックス）
　「統合化戦略」を採用しています。各国の市場に共通して存在する新製品や
　新サービスの情報に敏感な都市住民を標的に設定しています。

2　McDonald's（マクドナルド）
　「適応化戦略」を採用しています。高齢者から子供まで，また単身者からフ
　ァミリー層まで，それらすべてを標的化しています。

3　TOYOTA（トヨタ自動車）
　「適応化戦略」を採用しています。あらゆるタイプのユーザーに応えるため
　に，常にフルラインナップの生産・販売を行っています。

4　Porsche（ポルシェ）
　「統合化戦略」を採用しています。標的市場は，車が好きなマニアックなユ
　ーザーです。車への情報感度が高く，カーライフのために多額の投資を惜
　しまない顧客層です。

5　Apple Inc.（アップル）
　「統合化戦略」を採用しています。標的市場は，コンテンツ制作系や映像系
　などビジュアル分野でのより高 PC スキルが必要とされる職業に従事して
　いるユーザーです。

6　Panasonic（パナソニック）
　「適応化戦略」を採用しています。あらゆる生活シーンに対応した便利な家
　電を，ほぼすべてのタイプのユーザーに提供しています。

2-2　市場適応の評価

　戦略の「評価」にとって最も重要な事は，戦略「目的」を達成し得たか否か
です。そういう意味で，「目的」のない戦略はあり得ませんし，「評価」のない
戦略もまたあり得ません。「目的」を達成していないのであれば，その戦略は
「評価」に値しないということになるでしょう。もちろん，こうした場合はす
ぐに戦略を修正もしくは変更しなければなりません。次に，「目的」を達成し
得たのであれば，「どの程度目的を達成し得たか」が測られます。厳密に言えば，
これが戦略の"数値的"「評価」なのです。

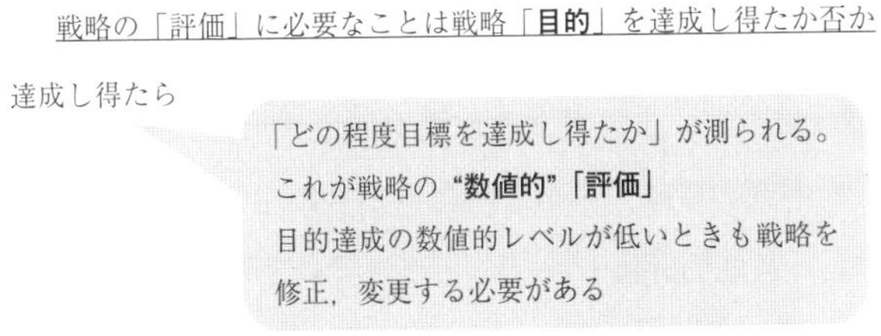

<u>戦略の「評価」に必要なことは戦略「**目的**」を達成し得たか否か</u>

達成し得たら

> 「どの程度目標を達成し得たか」が測られる。
> これが戦略の **"数値的"**「評価」
> 目的達成の数値的レベルが低いときも戦略を
> 修正，変更する必要がある

図 2-4　戦略的マーケティングの評価

　サッカーの試合で言えば，もちろん「目的」は勝つことです。そして，「何
点差で勝ったか」が数値的「評価」の対象となります。いわば「目的達成のレ
ベル（程度）」です。「目的達成のレベル（程度）」が満足行くものではない場合，
やはり戦略は修正もしくは変更されねばなりません。サッカーの試合において，
"0 対 0 のままタイムアップし，PK 戦でどうにか勝利した"という場合を考え
てください。当然，チームの得点力不足が問題視されるでしょう。試合に勝つ
という目的は達成しましたが，目的達成の数値的レベルは低いと言わざるを得
ません。こうした場合も，戦略は修正されなければなりません。そのためには，
「評価」は必ず数値化されなければなりません。「評価」を数値化することによ
り，様々な比較が可能になります。一定期間内における評価数値の継続的変化，

期間内における変化（例えば前年同期との比較），競合他社との比較などです。数値化された「評価」を比較することにより，戦略そのものの比較が可能になります。

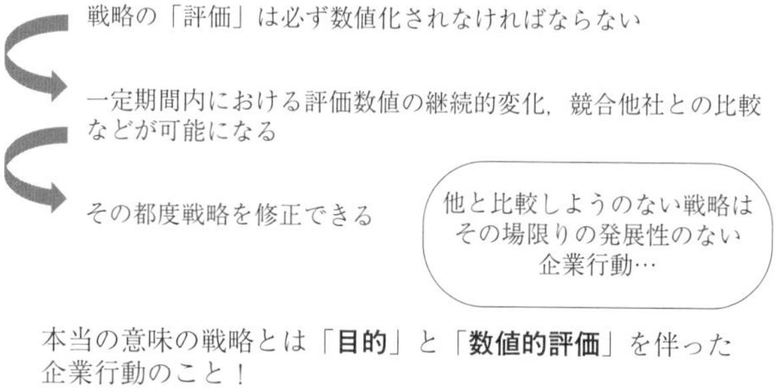

戦略の「評価」は必ず数値化されなければならない

一定期間内における評価数値の継続的変化，競合他社との比較などが可能になる

その都度戦略を修正できる

他と比較しようのない戦略は
その場限りの発展性のない
企業行動…

本当の意味の戦略とは「**目的**」と「**数値的評価**」を伴った
企業行動のこと！

図 2-5　戦略的マーケティングの数値的評価

　しかしながら，実際に企業経営の現場を観察すると，「目的」と「数値的評価」が双方とも不在の戦略が多いことに驚かされます。あるいは，戦略の「目的」はあっても「数値的評価」がない。その逆で，「数値的評価」は存在しても，戦略の「目的」が不明確というケースにもしばしば出くわします。それらの不在に気付かないまま，あるいはそれらが曖昧のまま，戦略が実行されているケースです。マーケティング管理者が，マーケティングの「目的」と「数値的評価」をしっかり行わなければ，企業経営そのものが窮地に追い込まれかねません。

　また，マーケティング活動は，常に"全社レベル"で把握されなければなりません。一営業部あるいは一販売部の目標利益達成が問われるわけではありません。あるいは，製品開発，調達，生産，広告宣伝，流通開拓といった特定部署ごとの貢献度を競い合うわけでもありません。一般にマーケティングと言った場合，真っ先に連想されるのは広告宣伝です。企業の広告部や宣伝部は，様々な数的な基準を用いて自分たちの行動を評価します。広告認知度，広告好意度，広告理解度，商品魅力度などです。これらは，広告の評価基準としては

必要性の高いものとされています。しかし，戦略的マーケティングを考えた場
合，これらの評価基準はあくまで"下位概念"に過ぎません。戦略的マーケテ
ィングにとって重要なのは，"上位概念"としての評価基準，つまり最終利益
とそれを得るためにかかった費用です。戦略の最終責任はより高い位置にいる
経営管理者が負うべきとする理由がここにもあるのです。

もう一歩踏み込んで —日本マクドナルドの行き過ぎた適応化—

　筆者が考える「適応化」の典型的な事例が，"1990 年代後半から 2000 年代初め"にかけての「日本マクドナルド」（日本マクドナルドホールディングス）です。ここで，"1990 年代後半から 2000 年代初め"と期間を限定したのにはわけがあります。この時期に，実は「日本マクドナルド」は行き過ぎた「個別適応化」を行い，それが為に赤字に転落（2 期連続大幅赤字）してしまったのです。何度も繰り返しますが，マーケティングの最終目的は利益の継続的獲得ですから，この時期，「日本マクドナルド」はマーケティングに失敗していたわけです。

　さて，かつての「日本マクドナルド」は，「適応化」を採用していました。数多くの標的市場を作り，作った標的市場の数だけマーケティング手段の組合せパターン（マーケティング・ミックス）を準備し，市場適応を図りました。実際，1990 年代末，「日本マクドナルド」のハンバーガーは実に数多くの商品ラインを誇っていました。そして，それら個々の商品について，コストを考えない，過剰な適応化を実行したのです。定価 60 円〜80 円と大きく値下げされた"ハンバーガー"もその一つです。さらにこの時期，「日本マクドナルド」は日本市場向けに，様々な商品開発を行っていました。つまり，グローバルな視野においても，各国市場の中においても，細分化されたセグメント（分割された市場）を設定し，それぞれにパーフェクトに適応しようと懸命に"努力"していたのです。

　こうした「日本マクドナルド」の行き過ぎた「適応化」は，すぐに巨額の赤字（コスト割れ）を引き起こしました。巨額の赤字は，価格設定のさらなる迷走を招き，この時期（2000 年初頭）の日本におけるマクドナルドのブランドイメージは大きく傷ついてしまいました。

演習
課題

課　題

　本文中で示したように，戦略的マーケティングの「評価の基準」は，大きく２つに分類することが出来ます。戦略全体の評価基準である"上位概念"としての基準と各マーケティング手段の有効性を測るための"下位概念"としての基準です。これら２つの基準はどちらもマーケティングの実践と評価には不可欠ですが，部分的な評価基準なのか，全体的な評価基準なのか，その違いは常にしっかり押さえておくことが肝要です。

　では，次にあげる１〜8 の評価基準は，"上位概念"としての評価基準，"下位概念"としての評価基準のどちらでしょうか。考えてみましょう。

〈マーケティングに関連する様々な評価基準〉
1 商品認知度　2 広告好意度　3 商品魅力度　4 利益率　5 サービス利用意向度
6ROI　7Web 広告のクリック率　8 最終損益

課　題

　戦略的マーケティングの利益は，全社レベルで把握されるべきものです。一部署の目標達成により最終的な利益が算出されるわけではないのです。ですから，戦略的マーケティングの数値的評価は，個々のマーケティング手段の貢献度だけではなく，戦略全体の評価でなければなりません。

　企業において，広告や宣伝を担当する部署は，色々な基準を用いて評価を行います。広告認知度，広告好意度，広告理解度，商品魅力度，購入意向度等などです。これらは，広告の評価基準としては妥当なものですが，戦略的マーケティングを考えた場合，あくまで"下位概念"に過ぎません。戦略的マーケティングの評価に必要なのは，企業のマーケティング活動全体の評価指標である"上位概念"としての評価軸です。したがって，評価軸1〜8の分類は以下のようになります。

・上位概念としての戦略的マーケティング全体の評価基準：
　　4利益率　6ROI　8最終損益

・下位概念としての戦略評価基準（個別マーケティング手段の評価軸）：
　　1商品認知度　2広告好意度　3商品魅力度　5サービス利用意向度
　　7Web広告のクリック率

2-3　マーケティング ROI

　戦略的マーケティングの評価を行う場合，最も簡便な手法は「マーケティング ROI（アール・オー・アイ）」を計測することです。ROI とは，「Return on Investment」の略です。直訳すると「投資に対する見返り」の意味になります。マーケティングという投資活動から，いかほどの利益が得られるか。その投資効率性が ROI なのです。

　マーケティング ROI とは，「マーケティング活動の結果得られた利益の純増分」と「マーケティング活動に費やした費用」の比率を表しています。言い換えれば，"稼いだ金" と "かかった金" の比率ということになります。一般的には，"稼いだ金" と "かかった金" の比率のことを「利益率」と言いますから，「マーケティング活動における利益率」と見なすことも出来ます。そして，通常のマーケティング活動において，この ROI の値は，0.2 以上（つまり 20％以上）なければならないとされています。実際，筆者は戦略的マーケティングにおける理想的な ROI の値は 25％以上であると考えています。ROI が 0.25（25％）以下の場合は，その戦略的マーケティングは失敗と判断されます。その場合は，戦略を速やかに修正しなければなりません。

　全社的な企業行動である戦略的マーケティングの評価方法は，ROI を求める式一本で十分であると言っても過言ではありません。そして，戦略的マーケティングの成否を測る基準は，「ROI＞25％」が妥当であると考えています。もちろん，個々のマーケティング手段（「製品」「価格」「流通」「販売促進」）がどのくらい ROI に影響を及ぼしているかについては，一定条件下での各手段の効果を変数化し，ROI との因果関係を検討しなければなりません。たとえば，製品であれば，ブランド認知率やブランド浸透率の変化と ROI の関係。販売促進であれば，広告認知率や広告好意度と ROI の関係を明らかにします。しかしながら，もしあなたが最高経営責任者（CEO）であれば，そこまで考える必

要はありません。マーケティング手段の組合せの妥当性は，現場に任せておけば良いでしょう。それよりも，まず経営責任者がなすべきことは，ROI を計算して，自社のマーケティング投資が効率的に利益を生み出しているか否かをチェックすることです。これを行うだけで，企業の"投資活動"であるマーケティングの戦略性は，飛躍的に高まるのです。

　上述の通り，マーケティングは企業の"投資活動"ですから，当然，一定の期間内で実行されます。際限なく当てのない投資行為を続けて良いはずはありません。当然，その評価も一定の期間内で計測されます。この期間が「マーケティング計画（マーケティング・プラン）」で定めた「マーケティング期間」ということになります。つまり，マーケティング ROI を求める式は，戦略的マーケティングの評価を全社的な視点から行うための式であるともいえますし，マーケティング計画の全体像を表した式と考えることもできるでしょう。

A＝マーケティング計画に沿った活動の結果，計画期間内に増加した利益
B＝マーケティング計画に沿った活動を実行するために，計画期間内に費
　　やした費用
X=ROI（%）

$$25\,(\%) < X\,(\%) = \frac{A-B}{B} \times 100$$

図 2-6　マーケティング ROI を求める式

演習
課題

課　　題

　次の例において，マーケティング ROI の値は何％になりますか。
また，この会社のマーケティングは，戦略上どのように評価されるでしょうか。

3 年間のマーケティング計画期間において，マーケティング費用として，以下
の金額を新たに費やした。
製品改良費：2 億円，広告宣伝費：1 億円，新規販路開拓費：5000 万円
また，マーケティング計画期間内に新たに獲得した利益は以下の通りであった。
利益増加額：4 億 4 千万円

課　題

マーケティング計画期間3年間に新たに費やした費用＝合計3億5千万円。
同じく計画期間内に新たに獲得した利益＝4億4千万円となります。従って，
下記の計算式に当てはめれば，計画期間3年間のROI値は，
0.257 ⇒ <u>26％</u>となります。
本書で示す基準値25％をやや超えていますので，戦略的マーケティングの数
値的評価としては，"ほぼ成功"と言えるのではないでしょうか。

A＝マーケティング計画期間内に "<u>獲得（増加）した利益</u>"
B＝マーケティング計画期間内に "<u>費や（増加）した費用</u>"

$$ROI（基準値 25％）= \frac{A - B}{B} \times 100$$

＊評価（計測）のためには期間を定めなければならない。
　その期間が，**マーケティング計画期間**。
　マーケティング計画の期間を定めることは非常に重要。

図　マーケティング ROI の意味

第3講義
戦略的マーケティングの失敗

ここを 学ぼう	戦略の失敗とその対応方法

　市場適応行動とは，マーケティング手段（「製品：Prod-uct」「価格：Price」「流通：Place」「販売促進：Pro-motion」）の組合せ（マーケティング・ミックス：Mar-keting Mix）を標的市場にフィットさせることですから，すべての企業が必ずしも1回の適応行動で顧客を満足させられるわけではありません。そこには，常に"試行錯誤"が付きまといます。戦略的マーケティングとは，"試行錯誤"しながら，失敗を成功へと導いて行くプロセスなのです。そこで，重要になってくるのが，「なぜ失敗するのか」という考察と，「失敗にどう対応すべきか」についての考察です。

　ここでは，良く知られた2000年代初頭における「日本マクドナルド」の失敗事例に沿って，戦略的マーケティングの失敗の原因とそれに対する適切な対応方法（正しい試行錯誤のやり方）について考えてみたいと思います。

3-1 戦略的マーケティングの失敗

　戦略的マーケティングに「失敗」は付きものです。失敗への対応，つまり「試行錯誤」を繰り返すことによって，戦略は洗練され，スマートになって行きます。失敗パターンを知り，失敗への対応を検討することは，戦略的マーケティングにとって，マーケティング手段の「統合化」やマーケティングの「評価」と同じくらい重要なことです。

　通常，戦略的マーケティングの失敗のタイプは，大きく「市場不適応」と「コスト割れ」に分けられます。「市場不適応」とは，文字通り市場に適応出来ず，売上が伸びない状態のことを言います。「コスト割れ」とは，マーケティング手段にコスト（費用）を掛け過ぎて，利益が上がらなくなってしまった状態を指します。目的たる利益が確保出来ないわけですから，これもやはり失敗と見なされます。ただ，「コスト割れ」の場合には，費用はかかっていても売上は上がっているというケースが存在します。"お客さんは買ってくれるが，利益がまったく出ない。"ケースです。

　次に，失敗の原因について考えましょう。多くのマーケティングの失敗事例において，その原因として考えられるのは，「内的環境の変化」「外的環境の変化」です。「内的環境の変化」とは，企業内部の経営資源（人・モノ・カネ）に変化が生じ，売上減少や費用増大を招くことです。原材料価格の高騰により，

市場不適応
市場に適応できず，売上が伸びない状態

コスト割れ
マーケティング手段にコストを掛け過ぎて，利益が上がらなくなってしまった状態

費用はかかっていても売上が伸びているケースもあるが…
⇒利益獲得の目的が達成できていないので成功とはいえない

図 3-1　戦略的マーケティングの失敗タイプ

最終製品の価格を値上げせざるを得ない場合などがこれにあたります。「外的環境の変化」とは，企業の外部環境変化のことを指します。市場環境変化がこれにあたります。市場環境変化は，さらに，需要状況の変化（顧客の変化）と競争状況の変化（競争相手企業の変化）に分かれます。こう見てくると，様々な「失敗」の原因は，すべて「変化」という言葉でまとめることができることがわかります。戦略的マーケティングの「失敗」の原因は「変化」であり，失敗への対応とは変化に対応することなのです。

・「内的環境の変化」
企業内部の経営資源に変化が生じ，売上減少や費用拡大を招くこと

・「外的環境の変化」
企業の外部環境変化のことで，市場環境変化がこれにあたる
さらに市場環境変化は需要状況の変化と競争状況の変化に分かれる

失敗の原因は「**変化**」である！

図 3-2　戦略的マーケティングの失敗原因

**演習
課題**

課　　題

　本文で説明したように，失敗のタイプは「市場不適応」と「コスト割れ」に分けられます。そして，その原因としては「内的環境の変化」「外的環境の変化」があげられます。このように見てみると，「失敗」の主たる原因は「変化」である事がわかります。さらにこれを掘り下げてみると，「変化」は，時間の経過とともに発生することが理解できるでしょう。

　そこで，ここでは「変化」に加えて，市場「ライフサイクル」の考え方に沿って失敗を見てみましょう。市場ライフサイクル（あるいは製品ライフサイクル）によれば，市場は導入⇒成長⇒成熟という時間軸を経て衰退して行きます。

　では，戦略の失敗（市場不適応あるいはコスト割れ）は，ライフサイクル上のどのステージで起きるのでしょうか。下図を見ながら考えてみてください。

"失敗（<u>不適応</u>，<u>コスト割れ</u>）"が起きるのはどの市場ステージか。

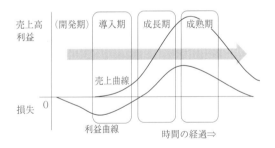

図　市場ライフサイクルの視点

解答

課　題

　多くの場合，時間軸で見ると，戦略的マーケティングの失敗（不適応もしくはコスト割れ）が起きるのは，市場の「成熟化」ステージにおいてです。市場ライフサイクル（導入→成長→成熟）における成熟期とは，時間の経過とともに，製品が市場マジョリティ（最もボリュームのある顧客層）のニーズに適応できなくなる状態を言います。俗な言葉で言えば，"顧客に厭きられた"状態を指します。

　成熟期はどんな製品や市場にも否応なく訪れます。つまり時間の経過とともに発生する「変化」はどんな企業にも起こり得るのです。このことからも，戦略的マーケティングには「失敗」が付きものであることがわかります。そして，戦略的マーケティングを志す企業は，常に「失敗」への対応方法を考えておかなければならないのです。

3-2 過剰適応

　前節で見た「市場不適応」と「コスト割れ」に加えて，マーケティングには
もう一つ忘れてはならない重大な失敗のタイプが存在します。それが「過剰適
応」です。ここでは，1990年代後半から2000年代初めにかけての日本マクド
ナルドの「過剰適応」について見て行きましょう。日本マクドナルドは，"市
場適応方法"と"価格設定"の2つの重要なマーケティング戦略において，「過
剰適応」を行っていました。

　"市場適応方法"についてはすでに2-1（22ページ）で説明しましたが，この
時期の日本マクドナルドは，非常に数多くの標的市場を作り，作った標的市場
の数だけ異なるマーケティング手段の組合せを準備していました。各標的市場
間の違いに目を向け，標的市場それぞれが持つ"差異"にマーケティング手段
の組合せを合わせて行く「適応化」という市場適応方法を採用していたのです。

　こうした行き過ぎた「適応化」の背景には，1990年代後半から急激に店舗
を増やして来たコンビニエンス・ストアの存在がありました。コンビニの集客
の柱になっている商品は，今も昔も変わらず食料品です。徹底したマーチャン
ダイジング（品ぞろえ）により，売れ筋商品を効率的に販売して行きます。サ
ンドイッチ，おにぎり，菓子パン，弁当などの食料品はまたたく間にコンビニ
のコア商品に躍り出ました。日本マクドナルドは，コンビニで販売されるそれ
ら多種多様な食料品が日本マクドナルドの市場を侵食していると考えました。
一種の"異業態間競争"が発生していると見なしたのです。そこで，日本マク
ドナルドはできるだけ多くの商品ラインを準備し，コンビニの各食料品カテゴ
リーから顧客を奪い返そうという策に出ました。ハンバーガー，サイドメニュ
ー，飲み物の種類をできるだけ増やし，多様な顧客に対して過剰なまでにきめ
細かな対応を行おうとしたのです。様々な商品ラインナップを作り，すべての
顧客に適応しようとした結果，ついに日本マクドナルドは2000年初頭に大き

な赤字を計上してしまうことになりました。

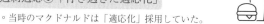

過剰適応① 「行き過ぎた適応化」

。当時のマクドナルドは「適応化」採用していた。
。多種多様な食料品が売られているコンビニエンス・ストアの存在

マクドナルドは… "**異業態間競争**" が勃発していると考えた

 ハンバーガーやサイドメニューなどできるだけ種類を増や
し，多様な顧客に対してきめ細やかな対応

図 3-3　日本マクドナルドの過剰適応 (1)

　次に，"価格設定"における「過剰適応」について見て行きましょう。この時期の「日本マクドナルド」は，コンビニの特定商品を狙って，きわめて単純な価格競争に打って出ました。標的となった競合商品は "おにぎり" や "サンドイッチ"です。特に，"おにぎり" の 110 円～130 円という価格は，「日本マクドナルド」にとって重大な脅威と見なされました。1995 年まで，「日本マクドナルド」の基本商品である「ハンバーガー」の価格は 130 円でした。何とかコンビニに奪われた顧客を取り戻さない限り，「適応化」は完成しません。そ

過剰適応② 「価格設定」

。コンビニとの価格競争

　おにぎり　　110～130 円

奪われた顧客を取り戻すため…

　ハンバーガー　130 円→80 円→65 円→59 円

　7 年の間に 7 回の価格変更が行われている

図 3-4　日本マクドナルドの過剰適応 (2)

こで,「日本マクドナルド」はテスト・マーケティングとして,1996年に「ハンバーガー」80円という超低価格販売を限定的に実施しました。ここから「日本マクドナルド」の価格設定上の「過剰適応」が始まったのです。こうした価格設定におけるに関する「過剰適応」により,2000年初頭における日本マクドナルドの売上と利益は,さらに大きく落ち込んでしまったのです。

もう一歩踏み込んで ―日本マクドナルドの価格変更―

　1990年代後半から2000年代初めにかけての日本マクドナルドの「過剰適応」ぶりは本当に凄まじいものでした。1995年に130円だったハンバーガーの基本価格は，翌1996には80円に値下げされます。翌1997年には99円（限定3回），1998年には65円（限定3回）。これが2000年には遂に平日65円に固定化されます。しかし，2001年度の大幅減益を受けて，2002年2月にはいったん平日80円に引き上げられます。そして，この年の8月に再度値下げして平日59円。基本商品の価格が，わずか7年の間に7回変わっているのです。

　「価格」は4つのマーケティング手段の中でも特に取扱いが難しいリスキーな手段です。なぜならば，戦略的マーケティングを実践する企業にとって，「価格」非常に取扱いやすいマーケティング手段に見えてしまうからです。

　商品開発や広告といった手段には多大な費用を要します。しかし，一般的にマーケティング手段としての価格には多大な費用を必要としないと思われています。コスト感覚を持ち合わせている人なら直ぐに気が付きますが，これは大きな間違いです。"価格を下げる"ということは，"価格下落により減少した利益を穴埋めする"ことに他なりません。

　むしろ，費用面でのリスクが大きいマーケティング手段と見なさなければならないのです。

演習
課題

課　題

　前節において，「価格」は一見すると非常に取扱いやすいマーケティング手段に見えるが，実は製品やサービスの費用構造や企業全体の収益構造に多大な影響を及ぼす可能性があるきわめてリスキーな修正手段であると言いました。日本マクドナルドはかつて，「価格」という手段を用いた"過剰適応"により，大きなピンチを招いてしまいました。

　さて，「価格」は，戦略的マーケティングの失敗に繋がるもう一つの重大な危険をはらんでいます。それは，「価格」が商品に対する顧客の「ブランド・イメージ」に大きな影響を与えている点です。言い換えれば，価格の変更は「ブランド・イメージ」の"毀損"（きそん：傷つけること）に繋がる可能性もあります。ここからも，さらなる過剰適応が生まれる危険があるのです。

　なぜ，そのような事が起きうるのか。顧客の商品に対する"信頼"という言葉を用いて説明してください。

解答

課　題

　「価格」というマーケティング手段は商品のブランド・イメージと強く結びついています。通常，顧客は，価格の変更が為された際には，価格変更の"理由"を探ろうとします。スーパーやディスカウント・ストア等の安売り業態は別として，度重なる定価の変更や，唐突な大幅値下げは，顧客にある種の疑念を抱かせるのです。"この商品は信頼に足る商品だろうか"という疑念です。そして，そのような疑念は，当然商品のブランド・イメージを損ねます。

　競争環境への「過剰適応」の結果，「日本マクドナルド」は，基本商品の価格を頻繁に変更しました。ある年には，年に2度の価格変更を行ったのです。頻繁な基本価格の変更は，この会社の基本商品であるハンバーガーに対する顧客の"信頼"を揺るがせました。誤った失敗対応により，逆にブランド・イメージを大きく損ねてしまったのです。

3-3　失敗への対応

　商品カテゴリーの拡大と価格競争に対応するため，「日本マクドナルド」は「過剰適応」に陥ってしまいました。その結果，マイナス 23 億円という大きな赤字を出してしまいます。しかし，さらに重大な問題がそれに続いて起こりました。日本マクドナルドによる「失敗への対応」です。

　「日本マクドナルド」がこの失敗に対して取った行動は，早急に赤字を黒字化することでした。きわめて単純な話ですが，赤字を黒字化するためには，費用を削るか売り上げを伸ばすかのいずれかを行わなければなりません。もちろん，2 つを同時に実行できれば良いわけですが。「日本マクドナルド」は対応策として前者を選びました。費用の大幅削減による早急な黒字化です。マーケティング手段（マーケティング・ミックス）は企業にとって最大のコスト要因です。手っ取り早く費用を削減するためには，ここを削ってしまうのが最も効果的なのです。そこで，「日本マクドナルド」は「流通」（店舗）の削減を行いました。既存店舗の大幅な削減により，赤字を黒字化しようと考えたのです。2001 年までの年平均の閉店店舗数は，40 店舗〜60 店舗でした。それが，2002 年には 115 店舗，2003 は 182 店舗という極端な店舗リストラを行ったのです。

　大胆な店舗削減策の結果，費用は大幅にカットされ，利益は見事に回復したでしょうか。答えはまったく逆でした。売上は 3,000 億を割り込んで，2,998 億円にまで落ち込みました。そして，赤字は減少どころかマイナス 71 億にまで達してしまいました。唐突な大幅値下げ，ころころと変わる定価，次々と閉鎖される店舗。顧客は遂にこのハンバーガー・ブランドを見放してしまったかに見えました。

　戦略的マーケティングにおいて最も危険なことは，「失敗すること」ではなく，「失敗への対応において再度失敗すること」です。これを筆者は“再度の失敗”と呼んでいます。戦略的マーケティングにおいて“再度の失敗”が起こる理由

失敗に対して「日本マクドナルド」がとった行動は
費用の大幅削減による早急な黒字化

(億円)

	営業利益	経常利益	当期純利益	総店舗数	店舗数増減
2000	294	293	168	3,598	340
2001	193	189	102	3,822	340
2002	39	21	-23	3,891	69
2003	28	19	-71	3,733	-118

出所）「会社四季報」および有価証券報告書をもとに作成

 赤字は何故増加してしまったのか

図3-5　日本マクドナルド―誤った失敗対応の結果―

は，はっきりしています。理由の一つは「手段への固執」です。戦略全体を再
構築せずに，あくまでも既存のマーケティング手段の改変や修正にこだわるか
らです。その結果，さらなる費用の増大を招いてしまいます。第1講義で説明
した「マーケティング・マイオピア（近視眼）」を思い出してください。

　もう一つ，"再度の失敗"が起きる理由は，「原因と結果を取違えること」で
す。赤字は，戦略の視点から見れば，あくまで失敗の「結果」であって，失敗
の「原因」ではありません。したがって，赤字をいくら解消したところで，失
敗の「原因」は修正されません。必要なのは，「結果」を招いた「原因」，つま
り戦略そのものの修正なのです。しかし企業経営者の目は常に「結果」（赤字）
にのみ注がれがちです。戦略的マーケティングには，失敗が付きものです。こ
れにどう対応するかによって，マーケティングが真に"戦略的か否か"が問わ
れるのです。

**演習
課題**

課　　　題

　2000 年代初頭の日本マクドナルドは，「適応化」戦略による薄利多売が常態化しており，収益力の弱さが目立っていました。さらに，本文中で説明したように，コンビニエンスストアの台頭などの外的環境の変化に直面していました。また，市場自体の「成熟化」により，最もボリュームのある顧客層のニーズを掴みきれなくなっていました。その結果，日本マクドナルドは，価格の目まぐるしい変更という「過剰適応」を引き起こしてしまい，さらには赤字の解消に向けた店舗の大量閉鎖という「失敗対応における過ち」を犯してしまったのです。

　では，この場合，日本マクドナルドはどのような戦略を考えるべきだったのでしょうか。あなたなら，どのような対応を考えますか。戦略的マーケティングの原則をしっかり踏まえて，考えてみましょう。

課　題

　2000年初頭の日本マクドナルドの失敗をもう一度見ておきましょう。基本的な方向性として，日本マクドナルドは，「適応化」を採用していました。多くの標的市場を想定し，市場の数だけ異なるマーケティング手段の組合せを準備することによって，利益が出にくい状況となっていたのです。さらに，コンビニの台頭という外的環境の変化に対して，「価格」という単一のマーケティング手段に依拠した極端な対策を実施しました。価格を大きく下げたり，頻繁に上下動させたりと言った，いわば過剰適応を行ったのです。そして，失敗が表面化した後，赤字を早急に黒字化するために，収益源である店舗の数を大幅に削減しました。失敗の「原因」ではなく，失敗の「結果」を覆い隠そうとしたのでした。

　日本マクドナルドの事例を改めて見ると，極端な「適応化」戦略を取って来たことに失敗の遠因があることに疑いの余地はありません。利益と顧客満足を確実に獲得するために，まず為すべき事は顧客を細分化し，明確にターゲット（標的）を定めることでした。次に，コンビニエンスストアとの異業態間競争においては，価格という単一の手段を動かすのではなく，商品を上記のターゲット毎にパッケージ化（セット化）し，それぞれに応じた価格とプロモーション施策を組合せるべきでした。

　2004年，アップルコンピューターから新社長を迎えた日本マクドナルドは，新社長の指示のもと，戦略の見直しを打ち出しました。ターゲット市場を明確にし，ターゲットごとのセットメニューに注力し，マーケティング手段の組合せを創り出しました。そして，安売りで失墜したマクドナルドのブランドイメージを短期間で建て直したのです。

第4講義
戦略の階層

| ここを 学ぼう | 企業内の様々な戦略と相互の関係 |

　企業の行う様々な行動のために戦略が立てられ，実行に移すために計画が作られます。マーケティング関連以外の戦略については簡単に触れるのみにとどめますが，方面や規模感の違う多様な戦略や計画が，相互に影響し合い，また一部で重複していることを見ていきます。

　また，マーケティング戦略の実行計画であるマーケティング・ミックスや，マーケティング戦略の立案者についても考えます。

4-1 戦略の階層

　企業の戦略遂行の目的は問題解決であり，そのプロセスは，① 望ましい姿
の想定，② 現状の分析，③ その差＝ギャップの把握，④ ギャップを埋める方
法の検討，⑤ その方法を実行し，望ましい姿に近づく，の5ステップです。
④の部分が戦略ですが，①〜⑤のすべてがなければ意味をなしません。企業活
動では現状が常に変化するため（②と③），それに合わせて，戦略も変更させな
ければならないことになります。

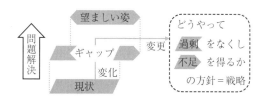

図4-1　問題解決と戦略

　経営トップがすべての戦略を立案・変更することになると，個々の現場の現
状のフィードバック－内容確認（複数回のやり取り）－戦略の変更－現場への適
用というプロセスで時間がかかり，チャンスを逃しかねません。そこで一定期
間保持する全体戦略（企業戦略・事業戦略）と，現場で状況に応じて変更する戦
略を階層でわけることになります。小規模組織であっても，じっくり考える長
期戦略と，短期・小戦略の階層化は有効です。もともと戦争の用語である戦略
には戦略・戦術・戦技といった階層があり，「戦争の是非」「どの勢力と戦うか」
といった大方針である戦略に従って，個別の戦いの方針である戦術，小隊長や
兵士が持つテクニックである戦技は，現場で臨機応変に組み合わされて戦い方
が決められます。
　マーケティング戦略も階層化された各種戦略の上位に位置しています。企業

では戦技という言葉はあまり使いませんが，販売技術を例に，それぞれのレベルが対象とする範囲の例を見てみましょう。

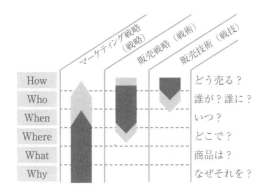

図 4-2　販売戦術のスコープ

　販売技術は，どのようなトークやディスプレイが有効かなどの販売員の知恵，販売戦略は，いつどこでキャンペーンを行うかなどの大きな方針です。ターゲットの選定やターゲットのニーズに合わせた商品構成などは戦略レベルで考えます。

　このように戦略・戦術・戦技は，お互いの欠けているところを補って，成り立っており，根本の部分である全体の方向性と，なぜその方向で進めるか（Why）は戦略で決められます。

　帯状の矢印は，濃い色の部分でそれぞれが中心とする範囲を示しており，薄い色の部分にまで拡大して検討を加えることもあります。実際の各レベルの範囲は様々です。図 4-2 は，階層といっても重なる部分があることをイメージするための例示と考えてください。

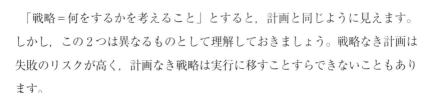

もう一歩踏み込んで ―戦略と計画―

「戦略＝何をするかを考えること」とすると，計画と同じように見えます。しかし，この2つは異なるものとして理解しておきましょう。戦略なき計画は失敗のリスクが高く，計画なき戦略は実行に移すことすらできないこともあります。

戦略では，現状認識・問題意識をもとに，現状から目標の位置に向かうためにどの方向に進まなければならないかの大枠を指し示します。それを実現するために，誰がいつ何をするかを具体的に決めていくのが計画です。戦略の一部と重複する部分もありますが，方法だけでなく実行計画まで考えることが違いです。ただ，これらの言葉も企業やプロジェクトによって様々な使われ方をしますので，イメージと思っておけばいいでしょう。重要な点はただ一つ，具体的な計画まで作らなければ戦略は動かないということです。

企業戦略-マーケティングの各種戦略・戦術・戦技-計画と多様な階層で考える理由は現場での変更を容易にするためです。現場では変化・見込み違い・失敗が発生し，計画修正が必要になります。階層化していることでより直近上位の戦略との整合性のみを検討し，スピーディーな変更が可能になるのです。

図 4-3　戦略と計画

演習
課題

課　題　(1)

　企業戦略から行動計画に至るまでに様々なレベルで考える必要があること
を説明しました。本書で扱うのは中位のマーケティング戦略のみですが，実
際には上位・下位の戦略や計画との整合性と同時に階層別に扱う範囲も考え
なくてはなりません。
　図 4-2 販売戦術のスコープでの切り分けは例示であり，重複もあると書き
ました。実務においてどのように範囲を切り分けるのがいいと思いますか。戦
術・戦技のように分類しておく必要はあるでしょうか。

課　題　(2)

　マーケティング計画が予定通りの成果を収めなかった場合には，計画や戦
略の見直しが必要となります。基本は「もっと踏み込んで」に書いたように，
直近上位の計画修正を検討するわけですが，計画に誤りがあるとは限らず，そ
の計画の上位にある戦略に問題があることもありえます。戦略には階層があ
るわけですから，場合によってはさらに上の戦略の問題の可能性があり，よ
り上位まで再検討が必要になるケースもあるでしょう。
　計画や戦略を修正するときに，どのレベルまで見直したらいいかについて
考えてくだい。

課　題　(1)

　戦術や戦技という言葉も使って説明をしましたが，実務ではレベルに分類して考えたりする必要はありません。図4-2の各レベルの対象範囲を表す帯状の矢印が，濃い色の部分だけで明確に分けられていないのは，明確に分類できないということを表しています。

　本節で理解すべきことは，方向性を指し示す戦略は階層構造になっていて，下位戦略は上位戦略に従う必要があること，さらにそれを実行するために具体的なアクションプランである計画も必要なことです。個々の戦略については本書全体から理解を深めてください。

課　題　(2)

　どのレベルまでさかのぼって考えるべきか判断するのは難しい問題です。行動と反応のどちらが計画通りでなかったかが一つのヒントになるかもしれません。

　マーケティング計画では行動のみを予定しますが，戦略では消費者に期待する反応も想定します。まず，戦略の各レベルにおいて期待する反応が明確になっているかを，チェックしておく必要があります。

　そのうえで，計画通りでなかったのが行動なのか，反応なのかを検討します。予定していた行動がとれなかった場合は計画に問題がある可能性が高いので，計画の修正で済むことがあるでしょうが，行動はとれたが期待する反応が得られなかった場合は，計画を破棄して，その反応を期待している戦略レベルに戻って検討を加えることになります。

4-2　企業戦略とマーケティング戦略

　戦略は，上位から下位まで縦方向に様々なレベルがあると同時に，横方向にも広がりがあります。複数の事業を持つ企業では，その数だけ事業戦略がありますし，小売業を考えれば，どのように売るかの戦略とはまったく別な（横の）位置に，どこから，どのように，どんな商品を仕入れるかの戦略も必要になることがわかると思います。

　一番上位となる企業戦略には，各々の事業戦略のほかに財務戦略や人事戦略などがあり，さらには個別事業と離れた位置で長期的な研究開発を考えたり企業ブランドを考えたりする戦略も含まれます。事業戦略の中にもマーケティング戦略だけではなく，事業ごとの財務や人事の戦略があります。このように戦略は縦横に広がると同時に，多くの部分で重なっているのです。

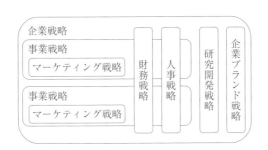

図 4-4　戦略の広がりと重なり

　企業内には複数の戦略があり，縦横に広がると同時に一部で重複していることを踏まえた上で，最も基本となる縦のラインを上から見ていきましょう。

　最上位に位置する企業理念ではどのような企業を目指すのかを定義します。ミッション・ビジョン・バリューなど様々な言葉で表現され，最も長期にわた

って変更されません。普段あまり意識されないことも多いのですが，すべての従業員が共有すべき価値観であり，行動を後押しし，モチベーションを高めるものでなければなりません。

複数の事業がある場合，どのように事業を組み合わせるかという**事業ポートフォリオ戦略**も必要になってきます。どの事業により多くの資源を投入するのか，すでに市場の成長が止まっている事業を廃棄するのか，それとも赤字の出ない範囲で継続し，そこから得た利潤を今後多くの利益が見込まれる成長途上の事業に配分するための資金源とするのかといったことなどを検討します。

事業戦略は図4-4で示したように，事業内の財務・人事戦略やマーケティング戦略を含みます。事業戦略内での最上位の方針は**事業領域（ドメイン）**をどこに定めるのかの方針になります。事業領域は限定しすぎて変化に対応できないものであってはいけません。また，従業員や関係者の創造性やモチベーションを刺激するものが望まれます。

ここまで，企業の中に複数事業がある場合について述べてきましたが，事業ごとに子会社を持つ企業グループでは，事業戦略を「企業戦略」と名付けることもあります。一つの事業を地域別の子会社に分担する場合では，事業の下に企業がくることになります。企業体全体の戦略が最上位にあり，以下は組織構造によって名称が異なることがあるというわけです。

一般的に，戦略レベルの上下によって図のような特徴があると言えます。

図4-5 理念・計画ピラミッド

　上位の戦略は大方針ですので，抽象的・全体的な表現となります。関係者の
モチベーションに繋がるエモーショナル（感性に響くもの）であることも必要で
すが，あまりに漠然とした標語では共有の価値観が育まれません。明文化され
た企業理念の単語一つひとつについて，少なくとも幹部社員が同じように語れ
る程度の具体性は必要です。

　下位になるにつれて個別・具体的になり，計画に近い色合いを持ってきます。
マーケティング・ミックスとは，事業計画を進めるために製品戦略・価格戦略
などの様々な，横に広がる戦略を最適化して組み合わせることです。競合や消
費者など現場の変化に即応しようとして，各戦略単体で変更するのではなく，
横のつながりと上位のマーケティング戦略を意識して変更することが重要です。

もう一歩踏み込んで　―事例：ファーストリテイリングの戦略ピラミッド―

　ファーストリテイリングはユニクロや GU などを傘下に持つ企業です。戦略の階層化がよく分かる例なので，ぜひコーポレートサイトを参照してください。

　まず，社名の説明として，「お客様が「ほしい！」と思っている商品を、できるだけ速くお届けしたい、という私達の思い」との説明があります。

　企業戦略に当たる FAST RETAILING WAY（FR グループ企業理念）のページにはステートメント，Mission（使命），私達の価値観（Value），私の行動規範（Principle）の４つが掲げられています。それぞれに貼られているリンク先のページでは，エモーショナルな説明が施され，日本語以外の 11 の言語（中国語は繁体・簡体の２種）のページで，世界中の従業員に浸透させるべく努力をしていることがわかります。トップにステートメントとして掲げられている「服を変え、常識を変え、世界を変えていく」が，私達が目にするユニクロのイメージとかけ離れていないところに，理念が浸透している様子が伺えます。

　その他，コーポレートガバナンス・サステナビリティについても，多くのページを割いて行動の指針となる方針を明確に示すと同時に，現在の状況について明らかにしています。「目指します」との表現で終わる企業も多い中で，同社は実際の取組みを紹介することで，戦略が下位の計画・行動にまで結びついていることがわかります。

　ユニクロ事業のページではエリア別の事業戦略（残念ながら，事業報告の色彩が強いですが）やビジネスモデルについても紹介しています。

（「ファーストリテイリング」　https://www.fastretailing.com/jp/）

演習
課題

課　題（1）

　図 4-4 では事業戦略内にマーケティング戦略のほかに，財務戦略や人事戦略があります。マーケティング戦略が財務戦略や人事戦略に影響を及ぼすことはあるでしょうか。あるとしたらどんなケースが想定されるか考えてください。
　また，事業戦略内の財務・人事戦略の立案は財務部長や人事部長が行うのでしょうか，それとも事業部長が行うべきでしょうか。事業部長が行った場合，全社の財務・人事戦略との相違点が出る可能性がありますが，どう調整すればよいか考えてください。

課　題（2）

　縦横に張り巡らされた戦略が役割を分けるだけでなく，重複している部分がある場合には，特定の戦略を検討する際に他の戦略にがんじがらめにされてしまい，変更が難しいように思えます。膨大な調整を経て変更できたとしても，調整に多くの時間を費やし，変化に対応するスピードが遅くなってしまうリスクがあるように感じられます。
　戦略変更を容易にするためには，どのような工夫ができるかを考えてみてください。また，どのようなタイミングで，どのように戦略変更が検討されるべきなのかについても考えてください。

解答

課　題　(1)

　販売戦略によって売上回収時期が変わったり，ある個人の存在がブランド価値を高めていたりする場合，全社的な財務・人事戦略と違った取り扱いが必要なことがあります。社員の能力開発のために部署の移動を前提としているのに，ある事業で特殊な技能を持った人材の固定化が必要なら，報酬制度や異動・配属の特例が可能かどうか，事業部トップが人事のトップに交渉することになるでしょう。

　基本的には上位・全体的な戦略はトップ（あるいは本社の管理系スタッフ），下位・個別的な戦略は現場で考えることになります。本問の例でいえば，企業としての財務・人事戦略はそれぞれのトップが立て，事業部は個々の課題に応じて，特例や修正を提案して調整を行っていくという手順になります。

課　題　(2)

　権限移譲や組織管理といった問題にも関係しますが，このような変更に対応できるように上位戦略の立て方を工夫する必要があります。上位戦略では大事なのは，何をするかよりなぜするのか，どの経路で行くかよりどこに向かうかです。詳細まで踏み込みすぎると下位戦略の自由度が失われてしまいます。

　前節の課題2ではマーケティング戦略の例として消費者の反応が上位の戦略で想定されていなければならないと書きましたが，マーケティング以外の戦略でも期待する結果の想定は欠かせません。変更のタイミングは，現場からのシグナルが発せられた瞬間です。販売の一線だけでなく，経営トップなどのアンテナに引っかかった情報も現場のシグナルです。戦略変更の進め方は，本講義4節を参考にしてください。

66

4-3　マーケティング・ミックス

　マーケティング戦略は，具体的な計画に落とし込まれ，それをもとに行動が
なされます。戦略目的の達成のために様々なマーケティング手段を組み合わせ
た計画を立てることをマーケティング・ミックスと呼びます。マーケティング
手段は一般的に 4 つに区分され，その頭文字をとって 4P とも呼ばれます。

表4-1　マーケティング・ミックス（4P）

Product 製品	どのような製品・サービスを作るのか，あるいは仕入れるのか
Price 価格	価格をいくらに設定するか
Place 流通	販売チャネルの設計（どこで売ってもらうか），物流の設計
Promotion 販売促進	販売量を増加させるために，どのような活動をするのか

　それぞれの項目の詳細は後の講義で検討するので，そちらで理解を深めても
らうことにして，ここでは各項目間，また 4P と他の戦略の関係について考え
ます。

　Product は顧客のニーズを満たすものでなければなりません。消費者によっ
てニーズは異なるわけですから，製品開発は顧客の特定（ターゲティング）が前
提とならなければなりません。製品と，それが満たすニーズによってターゲッ
トが決まるという順序もありますが，いずれにしてもターゲティングがマーケ
ティング・ミックスと密接なかかわりを持つことに変わりはありません。どの
ターゲットを対象にするか，どんなニーズを満たす価値を提供するかで決定さ
れる事業領域も，当然マーケティング・ミックスとの強い関わりを持ちます。

　Product の差別化，Price での優位性などは競合他社との関係において発生す

るものであり，競争戦略につながる要素です。また，今や商品とブランド戦略
とは切り離すことができません。このようにマーケティング・ミックスは他の
戦略とマッチするように作られなければならないのです。

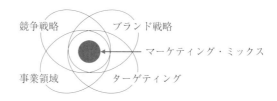

図4-6　マーケティング・ミックスと他の戦略の関係

　マーケティング・ミックスの各要素についても，製品の機能と価格が関連し
たり，販売チャネルに合わせた価格設定やプロモーション設計が必要であった
りと密接な関係があります。各要素間のつながりをブランドとの関係において
図示したものが図4-7です。
　図の上側が企業，下が消費者です。企業と消費者は商品・サービスを提供す
ることで繋がります。このことを実現するのが，中心部の4つの重なり合った
円で表現されたマーケティング・ミックスであり，自社の事業領域や競争戦略・
ターゲティングをもとに消費者と関わる計画の実行です。

図4-7　ブランドと4P のエッグモデル

4P のうち消費者が最初に接触するのが Promotion（図4-7では Communication

と表記しています）であり，その後 Product と Price を検討して購入を決めます。その背後を Place が支えます。企業側から見ると Product と Price を決定し，それを Place の上に乗せて，消費者に Promotion を行います。このとき，それぞれのマーケティング手段の内容が他の手段に影響を及ぼす点で重なりの部分ができます（重なりの面積の大小はデザインの都合上で，特に意味はありません）。

　全体は，ブランドによって包まれています。ブランドは第9講義で，Promotion ではなく Communication と表記した理由については，第12講義で解説します。

■■ もう一歩踏み込んで　—4P と 4C—

　顧客中心にマーケティングを捉えなおす動きの中で，マーケティング・ミックスを 4P と異なる切り口で捉える考え方が出てきました。こちらは頭文字から 4C といわれ，4P と対比されますが，どちらが優れていると決めつけるのではなく，両方の見方を切り替える能力が必要です。

表4-2　4P と4C の比較

Product	Customer Value	顧客にとっての価値
Price	Customer Cost	顧客にとってのコスト
Place	Convenience	顧客の利便性
Promotion	Communication	顧客とのコミュニケーション

　4P と 4C は表 4-2 のように対応していますが，微妙な差異があります。リクルートスーツは Product としてはビジネスウェアですが，Customer Value の中心は就職活動用ツールです。家電製品の Price は販売価格ですが，Customer Cost には，送料・設置費・廃棄時のリサイクル料金が含まれます。Convenience にはどのような支払い方法があるかが含まれ，Place 検討の際には，消費者が意識しない倉庫費用や売り場までの物流費などもポイントになります。

　このような違いがあるため，マーケティング・ミックスを考える際にはどちらか一方ではなく，4P・4C の両面で考える必要があるのです。

**演習
課題**

課　　題

　マーケティング・ミックス計画の手順について考えてみましょう。
前の節の演習問題で，上下左右に張り巡らされた戦略の変更の難しさについて考えましたが，マーケティング・ミックスの「新規の立案」についても同様の難しさがあるように感じられます。
　Product，Price，Place，Promotion（Communication）は図4-7で相互に重なりがあるように，密接につながっています。どの手段から検討を始めるにしても，他のマーケティング手段との整合性をとろうとすると，他の手段が決まらないと計画の詳細が作れないような気がします。かえって，手がかりのある「変更」のほうが，ゼロから始める「立案」より容易に見えるかもしれません。
　もし，自分がメーカーのマーケティング担当者だったとして，どのような考え方でマーケティング・ミックスを立案したらいいか，以下は考える手がかりですが，これにとらわれず，自由に考えてみてください。

Product　製品戦略　どのような製品を作るか
　具体的な製品のアイディアではなく，製品開発のアイディアをどう得るか
Price　価格戦略　いくらで売るか
　競合，ターゲット層，自社利益などをどう考えるか
Place　流通戦略　どこで売ってもらうか
　ターゲットや価格との関係をどう考えるか
Communication　コミュニケーション戦略
　商品を売るために，誰とどうコミュニケーションをとるか

解答

課　　題

　確かにゼロから 4P を組み上げていくのは大変なように見えます。しかし，実際のスタート地点はゼロではありません。まず，図 4-6 で示したように，マーケティング・ミックスはターゲティング，事業領域，ブランド戦略，競争戦略にしたがって計画されます。これらの戦略を共に満たすという段階で打ち手は絞られてくるはずです。順序としては表 4-1 の上から順に考えるのが妥当です。

　さらに，自社の SWOT 分析を行うことで，選ぶべき戦略が浮かび上がってくるはずです。SWOT 分析について知らない方は他の書籍等を参考にしていただきたいのですが，ポイントとしてはクロス SWOT 分析まで行うことが重要です。

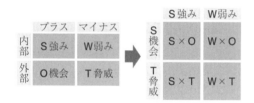

図　SWOT とクロス SWOT

　右側がクロス SWOT です。強みを活かしてこの機会をどう捉えるか（S×O），脅威に対する弱点をどうリカバーするか（W×T）といったふうに考えます。4つの枠すべてについて検討を加えますが，基本的には強みを活かすことを考えるのが大事です。

　それぞれの手段の詳細な考え方は後の講義で検討します。

4-4　マーケティング戦略の立案者

　ここでは，マーケティング戦略立案のステップ，必要な能力について考えて
みることにします。一般に，ビジネスの進め方として PDCA サイクルが重要
だといわれます。Plan（計画を練り），Do（実行に移し），Check（進捗状況を管理・
計測し，問題点を発見して），Act（次の計画・行動の改善を図る）と言うものです。
生産管理の分野で唱えられたといわれる，このアイディアが教えるものは計画
の遂行の際に，あらかじめ定めた基準で状況を確認しカイゼンを続けるという
ことです。図 4-1 で見たように，戦略が望ましい姿と現状のギャップを埋める
ことを目的としている以上，ギャップがどの程度埋まったかを確認することは
当然のことなのですが，実は PDCA の考え方には批判もあります。一定規模
以上の企業では Do（現場）に携わらないセクションが Plan をすることで無理な
計画が出来上がることがあり得ること，計測する指標さえ良ければいいとの考
えから，無意味な数字合わせが行われたりすること，評価のために定量的な（数
値で表せる）情報のみを指標とするために重要な点を見逃す危険があることな
どが批判の根拠です。
　PDCA の良し悪しはともかく，マーケティング戦略を進めていく観点からは，
最後にあげた定量的情報のみに偏るという批判には着目する必要があります。
マーケティングは測ることのできない消費者の心を相手にするものであり，定
性的な（数値では表せない情報−言葉，感じ，雰囲気などの）情報を無視すること
はできないからです。

　そこで，Check とカイゼンの重要性は当然のものとした上で筆者は戦略的マ
ーケティングの進め方として ARPAD サイクルを提案したいと思います。
　市場と企業の調整活動であるマーケティング戦略が市場＝消費者を無視して
立てられることは考えられません。したがって，初めにくるのは計画ではなく

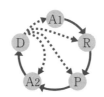

Awareness	気づき
Research	調べる
Plan	計画する
Apply	適用する
Do	実施する

図 4-8　ARPAD サイクル

市場の観察でなければなりません。この段階で特定のテーマ意識を持って観察（調査）する場合もありますが，ひとりの消費者としての感覚による気づき（Awareness）が重要だと考えています。この気づきから，マーケティングの仮説が生まれます。

　Apple が市場を開拓してきた画期的な商品の多くは「こんなものがあったら喜ばれるだろうな」という定性的な感覚を大事にしているように見えます。これが戦略の原点である仮説になります。

　仮説をもとに調査（Research）が行われ，戦略（Plan）が立てられます。Research では，仮説が正しい可能性，失敗する可能性，失敗した場合のリスクの大きさなどを慎重に見極めることになります。なんとなく良さそうだからと投資することはビジネスではありえませんし，戦略的とは言えません。

　Apply（適用）はマーケティング・ミックスに落とし込む作業です。マーケティング・ミックスを実行するためには，他の戦略・社内の各セクション・社外の取引先を巻き込んで調整をすることが必要になります。実施（Do）の前には指標が設定され，Do と Check は同時進行で行われます。そこから得た情報は，次の ARPAD サイクルで活用されます。

　マーケティングの立案者には，周囲を巻き込みながら ARPAD を回していく能力が必要です。個人の能力としては，次のようなものがあげられるでしょう。

　戦略立案のためには多様なアイディアを生み出し，選択する必要があります。複数のアイディアから公平・適切な選択をするためには，アイディアに対する

Awareness　感受性　　　⎤　アイディアの
Research　　分析力・論理性　⎦　バランス感覚

Plan　　　　表現力　　　　⎤
Apply　　　 想像力　　　　⎥　組織内の
Do　　　　　柔軟性　　　　⎦　バランス感覚

図 4-9　ARPAD 推進者に求められる能力の例

バランス感覚が必要です。また，Plan から Apply では，利害調整作業が生じ
るため，組織内でのバランス感覚も必要となります。周囲を動かす説得力のあ
る Plan を作る表現力や，各組織やマーケティング手段による消費者の反応を
考えながらマーケティング・ミックスを設計する想像力も必要です。また，ど
んなに緻密な計画でも実施段階で障害が発生するため，それに対応できる柔軟
性も必要です。

　他にも様々な能力が必要ですが，ARPAD に関連する一部だけを解説しました。
マーケティングに関わらず大事な能力ばかりなので，今どれかの能力が欠けて
いるから自分にはできないと考えるのではなく，それぞれの局面ではこういう
頭の使い方をするものだと考えて，能力を高めていってください。

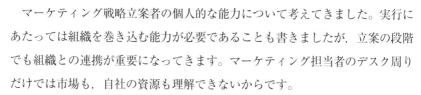

もう一歩踏み込んで　—組織の観点—

　マーケティング戦略立案者の個人的な能力について考えてきました。実行にあたっては組織を巻き込む能力が必要であることも書きましたが，立案の段階でも組織との連携が重要になってきます。マーケティング担当者のデスク周りだけでは市場も，自社の資源も理解できないからです。

　現場から離れていても定量的な情報は組織経由で入手できます。しかし，戦略の修正が必要な局面などで，なぜ・どこが間違っていたのかを考えるときに定量的な情報だけでは真実が見えてきません。たとえ定性情報が手に入ったとしても，定例の報告書などで組織を経由して伝わってくるときには綺麗にまとめられすぎていて，気づきにつながる躍動感が失われていることが多いものです。

　個人的に親しい協力者から得る非公式な情報や，現場の雰囲気などが戦略立案の重要な資源であることを考えると，立案者の組織上の位置づけは自由に様々なセクションを訪問できる職位の高い管理者か，職位が低くても喜んで受け入れてもらえるような人間的魅力のある担当者になるでしょう。様々なポジションに協力者を得ることは，マーケティング戦略立案者にとって大変重要なことなのです。

　また，多くの情報を整理し，豊富にアイディアを出せるよう，戦略立案は可能であれば個人ではなくチームで行うことが望ましいです。チームの管理者にはCMO（最高マーケティング責任者）や経営トップが当たるべきです。たとえチームの一担当者からの依頼であっても，そのチームには経営トップが直接参画しているとなれば，依頼されたセクションの動きは格段に良くなるものです。

**演習
課題**

課　　題

　紙幅の都合で図 4-9 ARPAD 推進者に求められる能力について，すべての能力・特性について説明できませんでしたが，足りなかった部分はそれぞれ皆さんの分析力と想像力で意味を考えていただくことをお願いします。

　Awareness（気づき）に関連して感受性が必要としています。ここから「感性マーケティング」言葉を連想した人がいるもしれません。
　感受性と感性マーケティングとは，同じ意味でしょうか，違う意味でしょうか。
　一方でデータベース・マーケティングという言葉を思い出した人もいるかも知れません。データと感性とがまるで対極にある言葉のようだからです。
　定量的データを対象とするデータ志向と，定性的に感じられる感性とでは，どちらが重要な能力なのでしょうか。それとも Awareness においては感性，分析力・論理性の必要な Research においてはデータ志向なのでしょうか。

　感性・感受性・データベース・データ志向（思考）言葉について考えてみてください。

　自分の思考の癖について考えておくことは，多くの情報の中から真実を見つけるトレーニングとして重要です。解答はありませんが，自分の考え方に偏りがあると指摘されたり，感じたりしたことがないかも点検してみましょう。

課　題

　新しいアイディアは常に素晴らしく，古いものは良くないとする論調には注意が必要です。多くの新しいアイディアは，変わらない基本について，切り口を変えて新しい説明の仕方をしているものにすぎません。目新しい言葉に触れたときは，その意味を理解した上で使えるようにしたいものです。

　データベース・マーケティングとは既存顧客とのやり取りの履歴から戦略を考えることで，考える材料についてのアイディアです。一方，感性マーケティングとは数値化されない情報から消費者の感覚を拾い出したり，消費者の情感に訴えるマーケティングを行ったりすることで，材料ではなくやり方についてのアイディアです。違うことについて論じていることを理解すれば，どちらが正しいと選ぶのでなく併存させることができるようになります。

　また，上記の説明で感性が消費者のものを対象にしており，マーケターの感受性とは別の話であることも理解できるでしょう。

　データは間違いなく重要です。既存顧客のデータがない場合でも，勘に頼らずに可能な限りのデータを探したり，インタビューして作ったりすることが必要です。また，データを分析する際にも感受性が必要です。紙おむつと缶ビールを同時に購入する率が高いというデータに意味付けができるのは感受性です。

　プロとしての感受性と，一人の消費者としての感性を行ったり来たりしながら考えなければ，消費者のインサイト（第9講義で解説）に合致した価値は創造できませんし，感性に訴えないとプロモーションが成り立たない商品もあります。

　大事なのはデータをよく見て，よく考え，よく感じること。つまりデータも感性（感受性）も，両方とも重要なのです。

第5講義
市場細分化と標的設定

ここを学ぼう　**対象とする消費者の絞り方**

　私たち消費者はそれぞれ違う生活の中で，様々なニーズを抱いて暮らしています。戦略的マーケティングでは，異なるニーズすべてを満たそうとせず，特定のニーズに応える価値を創造し提供することを考えます。そのためには同じニーズを持つと思われる消費者をグルーピングして，そのグループに絞ってマーケティング活動の効果をあげることが必要となります。

　なぜ，どのように絞るのか，絞り込みはどのように活用されるのかを見ていきましょう。

なぜターゲティングが必要なのか

　消費者を属性別に分ける（市場細分化）ことをセグメンテーション，分けられた消費者グループをセグメントと言います。そしてマーケティングの対象をあるセグメントに絞り込むことをターゲティングと言い，絞り込んだ消費者をターゲット層，あるいは標的市場と呼びます。最初になぜターゲティングが必要かを考えることにしましょう。例えば日本の25歳から34歳までの男性は1293万人で，総人口1億3千万人の約1割です（2021年12月推計）。この層だけをターゲットとしたら売上が1/10になってしまい，不利ではないか，全体に向けて売った方がいいのではないかと考えるのは当然のことだからです。

　まず，Promotion がどのように購入に結びつくかを考えます。

メディア
×
露出・接触
×
価値認知率
×
購買行動率

図 5-1　Promotion から購入まで

　Promotion は，テレビ・雑誌・インターネットや店頭の広告・販売員などのメディアを通じて行われます。ここで発信（露出）された情報が消費者の目や耳に触れ（接触），自分にとって価値のある情報であると思われれば記憶（価値認知）され，売り場に行って購入（購買行動）をします。

　全員が次のステップに進むわけではないので，それぞれの行動は100％以下の発生割合となります。図では10の露出に対して価値を認知したのが4人な

ので価値認知率は 4/10＝40％，価値認知した 4 人のうち 2 人が購入している
ので，購買行動率は 2/4＝50％となり，最終的な購入率は 2/10＝20％です。

　厳密にいえば価値認知率＝リーチ率×意味認識率×価値認識率×記憶率であ
ったり，売場でたまたま購入したりリピーターであったりして Promotion に触
れていない購入者もいるわけですが，簡略化したモデルとして，

　露出量×最終購入率（価値認識率×購買行動率）＝売上点数

としてターゲティングが利益にもたらす影響を見てみましょう。

　経済的効果を検討するために金額に換算します。X 社の商品の販売単価を
200，粗利益率は 30％とします。200 の売価に対し 140 が原価なので利益が 60
出るということです（60/200＝30％）。

　また，露出量＝媒体費と設定します。プロモーションではメディア利用にか
かる費用である媒体費とコンテンツの制作費が必要です。雑誌広告なら，広告
会社に払うデザイン料や版下制作費が制作費，雑誌社に払う（実際は広告会社
経由が多いですが）掲載料金は媒体費です。X 社の販促予算は 520 です。

　この商品を買う可能性があるのは A から E の 5 つのセグメントです。すべ
てのセグメントに販売するには，それぞれのセグメントが日常接するメディア
で露出・接触する必要があります。しかし，もともと 5 つのセグメントにはこ
の商品へのニーズの強さに違いがあるので最終購入率も変わってきます。

表5-1　Sim1　単一コンテンツを5セグメントに展開

	制作費	媒体費	購入率(%)	売上		
seg.A		100	30	6,000	粗利益	3,060
seg.B		100	10	2,000	販促費	520
seg.C	20	100	5	1,000		
seg.D		100	3	600	営業利益	2,540
seg.E		100	3	600	ROI (%)	488.5
	20	500		10,200		

最初のシミュレーションは 20 の制作費をかけたコンテンツを，5 セグメントが接するメディアに 100 ずつ露出するものです。

　セグメント A（表では seg.A）を見ると 100 の露出量（＝媒体費）に対し最終購入率は 30％，単価が 200 なので，売上＝100×30％×200＝6,000 となります。

　売上の合計に対し粗利益率をかけると，粗利益＝10,200×30％＝3,060。

　粗利益 3,060 から制作費と媒体費の合計である販促費 520 を引くと営業利益は 2,540。投資（この場合販促費）に対しての利益の割合である ROI は，ROI＝営業利益／投資＝2,540/520＝488.5％です。

　A に比べると他のセグメントの購入率は低くなっています。もともとのニーズの差もあるでしょうが，もう一つの要因としてコンテンツを考えることもできます。メディアは各セグメントに合わせたけれど，制作費 20 で作った広告の内容が A 以外のセグメントには合わなかったのかもしれません。

　それぞれの顧客層に合わせたコンテンツを作った場合を見てみましょう。

表5-2　Sim2　5セグメントに最適化したコンテンツを展開

	制作費	媒体費	購入率（％）	売上		
seg.A	20	92	30	5,520	粗利益	3,974
seg.B	15	92	20	3,680	販促費	520
seg.C	10	92	10	1,840		
seg.D	10	92	6	1,104	営業利益	3,454
seg.E	5	92	6	1,104	ROI（％）	664.3
	60	460		13,248		

　コンテンツを最適化したことで，B ～ E セグメントの購入率は倍増しました。それでも残る A との差は，セグメントによるニーズの違いの差です。コンテンツは一部を流用することで 5 種類を 3 倍のコストでつくることができています（制作費 20→60）。販促費全体の制約があるため，制作費の増加分が媒体費のマイナスに影響しています。

　A では露出量の減少が売上の低下につながっていますが，B から E ではコンテンツ最適化の効果が露出量減少によるマイナス効果を上回り，売上が増加しています。合計売上，営業利益も増加し，ROI も 175.8 ポイント増えています。

　続いて，セグメンテーションを活かして標的市場を絞った場合の効果を検証します。C ～ E に使っていた販促費を購入率の高い A・B だけに振り分けます。

表5-3　Sim3　2セグメントに絞って展開

	制作費	媒体費	購入率(%)	売上		
seg.A	20	400	30	24,000	粗利益	8,220
seg.B	15	85	20	3,400	販促費	520
seg.C			0			
seg.D			0		営業利益	7,700
seg.E			0		ROI（%）	1,480.8
	35	485		27,400		

　媒体費は均等ではなく，より購入率の高い A に多めに投入しています。
　最初の試算の 3 倍以上の利益となりました。見返りの少ない市場への投資を控えて効率的に利益を上げることが，セグメンテーションを活かした絞り込み＝ターゲティングの目的です。多くのセグメントに受け入れられるように設計した無難な商品が，結果的にどのセグメントにも魅力が少ないものになったり，多くのセグメントに合わせて複数商品を作れば開発費がかさみ，生産・在庫効率が悪くなったりすることからもターゲティングの効果を考えることができます。

もう一歩踏み込んで ─最終購入率を高める要因─

　ここまでセグメンテーションの必要性を見てきました。前提となっていたのは，Promotion（メディア・コンテンツ）と最終購入率の関係です。

　メディアについては雑誌を考えてみればわかります。雑誌によって読者層はかなり明確に分かれています。価値認知率＝リーチ率×意味認識率×価値認識率×記憶率であると説明しましたが，ティーン向け雑誌に広告を出した場合，高齢者セグメントへのリーチ率（情報が届く率）はゼロに近いでしょう。

　若者言葉で作ったコンテンツを新聞に載せた場合，高齢者セグメントへのリーチ率は上がりますが，意味認識率が低くなることが考えられます。価値認識率（自分にとって価値がある商品だと理解する率）や記憶率もセグメントに合わせたコンテンツでなければ高くはなりません。

　Product と Price は，購買行動率に大きく影響します。セグメントによって商品の価値は異なります。スマートフォンを例にとって考えてみましょう。

　スマホに慣れない高齢者にとっては，機械式ボタンを併用した文字の大きいスマホ，スマホ慣れしていて抵抗はないけれども，標準機能以上のカスタマイズには興味のない人たちには iPhone，積極的に機能拡張したいガジェット好きの人や，機能より価格を重視するユーザーにとっては android 端末が優れた商品（価格）であり，この Product，Price を提示することで購買行動率が高まるのです。

**演習
課題**

課　題　(1)

　効率的なマーケティングを行うためには，標的市場を絞ることが欠かせません。標的を一部の消費者に絞ることをターゲティングといい，ターゲティングは適切なセグメンテーションを前提としています。

　スマートフォンを例にとって Product が購買行動率を高めることを説明しました。ターゲティングが重要であるとすると，対象セグメントに絞った Product 戦略を取ることになるはずですが，いわゆるらくらくスマホと高機能スマホの両方を製造しているメーカーもあります。

　この会社がセグメンテーションやターゲティングをどのようにマーケティングに取り入れているのか，あるいは取り入れていないのかを考えてください。

課　題　(2)

　ターゲティングが重要であるということは，セグメントによってニーズが違うことを前提としています。もし，ある商品についてすべての消費者のニーズが同じであれば，ターゲティングや，そのために行うセグメンテーションは必要ないことになります。

　セグメントによってニーズの異ならない商品はあるでしょうか，あるとすればどんなものでしょうか。また，ニーズが異なったとしてもターゲティングが必要でないときがあるとすれば，どんな場合でしょうか。

課　題　（1）

　むしろ，ターゲティングに積極的に取り組んでいると考えていいでしょう。
　ターゲティングは，企業のレベルで行うこともありますが，一般的には商品
アイテムごと，あるいは似た属性を持つ商品のグループである商品ラインごと
に行うことが普通です。この会社はスマホを欲しいと思っている人すべてを単
一の商品でまかなうことなく，スマホが必要な初心者層，さらに機能を求める
上級者層にそれぞれ絞ることで効果的な Product デザインをしていると言え
ます。X 社のシミュレーションは媒体費がそのまま売上に比例するという単純
なモデルで行いましたが，実際には広告の露出量は一定レベルを超えると，売
上に結びつく効果は下がってきます。最大に効果の上がるレベルまで販促費を
使ってなお予算のある企業であれば，商品戦略を含めて次のセグメントへの展
開を検討していくことになります。

課　題　（2）

　生産（あるいは仕入れ）量に比べて需要が潤沢にあり，商品が確実にすべて
販売できる状況や，競合がなく新規参入も考えられない状況（例：水道会社）
であれば，ターゲティングは必要ないかもしれません。あるいは機能差が極端
に少ない商品（コピー用紙）もそうでしょう。
　前者であればマーケティングにおいて考える項目は生産管理やコストだけ，
後者であればコストや流通だけになり，相当楽なものになりますが，ほとんど
のビジネスでは供給が需要を上回り，競合や機能差も存在するため，ターゲテ
ィングは避けて通れない課題となります。

5-2　市場細分化の方法

　消費者をグループに分け（Segmentation，市場細分化），マーケティングの対象とする効率のいいグループを絞り込み（Targeting，標的市場の選定），競合との差異を明確にするなど市場での自分の立ち位置・消費者からの見え方を決定する（Positioning，立ち位置の明確化）の一連の流れを，その頭文字からSTP分析と呼びます。セグメンテーションはターゲティングの前に行う作業ですからここで間違うと適切なターゲティングができません。セグメンテーションのポイントは幅広く考えること，その他には？と考える拡散的思考です。図5-2では，女性用化粧品を例にとってセグメンテーションを考えてみました。

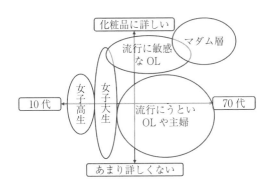

図 5-2　セグメンテーションの例

　セグメンテーションでは消費者の属性を縦横の２軸にとって，それぞれの位置にどのような消費者グループがいるかを考えます。１軸では幅が広すぎるので複数軸で考えるわけです。軸のとり方には表5-4のようなものがあります。

　これらの軸に置くものを細分化基準と呼びます。地理学的変数（どこにいる）・人口動態変数（外から見た属性）は国勢調査などの統計資料で人数の分布を推測することができます（他者が調査したデータを流用して使うことから２次データと

表5-4　細分化基準（セグメンテーションの軸）

カテゴリ	基　準
地理学的変数	住所，気候，人口密度，地域文化…
人口動態変数	年齢，性別，家族構成，職業…
行動変数	購買行動（比較検討に費やす時間・ネット活用の有無…），購買頻度…
心理的変数	ライフスタイル，パーソナリティ，趣味，商品への興味，購買動機…

言います）。心理的変数（何を考えている）や自社の商品に関連する行動変数（どんなことをしている）は推計できるデータがないこともあるでしょうが，商品選択に関わる基準なので，ぜひ軸を立てたいカテゴリです（自ら直接調査したデータは1次データといいます）。

　商品選択に影響がありそうな軸を考えてみましょう。化粧品は年齢によって違いそうだし，詳しい人とそうでない人がいるだろうなと考えたら，図5-5のように人口動態変数である年齢と，行動変数である購買心理をとることになります。

　軸を設定したら，どんな人たちがそこにいるかを考え，その分布を円で表現します。女子高生と女子大生は重ならない，大学生になると興味が広がるので，購買心理の幅はより大きくなる，OLを働く女性とすれば女子大生やマダム層と重なる部分もあるはず，などと考えて円の範囲を決めていきます。この段階では円の大きさはセグメント層の広がりで，人数の多さ（市場規模）ではありません。どのようにセグメント層が分布しているかを考えた結果，円ではなく三角やL字型といった形になっても問題ありません。

　一通り書き終えたら，円（セグメント）の散らばりをチェックします。
　2軸の図全体にセグメントが分散しており，対象となりそうなセグメントが網羅されているようであれば，軸の立て方やセグメントの分析が上手くできた可能性が高いです。

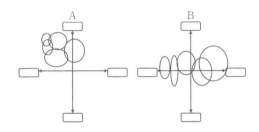

図 5-3　セグメント分布のチェック

　図5-3の図Aではセグメントが左上に集中しています。右側や下側にはどのような人がいるかを考えてみましょう。想像もつかなかったような人たちを発見して新たなビジネスチャンスが見つかるかもしれません。この方法でセグメンテーションを考えるメリットは，すでに思いついているセグメントを並べるだけではなく，こういう属性を持った（2軸のこの位置にある）消費者グループはどんな人たちだろうと考えることで，新たなセグメントを発見することが可能になることです。

　もし，なにも思いつかないのであれば，この縦横の基準ではグループに分ける有効なセグメンテーションになっていない可能性が高いので，新たな軸を立てる必要があります。図5-3のBは，上下左右にうまく散らばっているように見えますが，ほぼ横方向にしか分布していません。この場合は縦軸の基準を変更する必要があるでしょう。

　どの基準を採用するかによって，使えるセグメンテーションができるかどうかが変わってきますので，様々な基準を使って考えることが大事です。私の講義では表5-4の中から2カテゴリ以上，合計4基準以上を使って最低3枚のセグメンテーションを作成してもらっています。

　このような作業をするときに，私達はしばしば先に漠然と思っていた答えを表現してしまいます。そもそも自分が思っていた答えできれいに表現できると，客観的に批評することは難しく，間違いがあってもそのまま採用してしまいが

ちです。2枚目以降を書くことで1枚目と異なる軸，つまり自分があらかじめ予想していなかった基準に取り組むことができます。大変ですが，発見の多い作業です。

もちろん表にある基準以外でも構いません。そのときはカテゴリが指針となるでしょう。例えばネット関連のビジネスで行動を考えてみれば，SNSでリーダー的存在なのか，リプライ・リツイートは多いのか，ROM（見るだけ）なのかという基準や攻撃的・協調的・無反応という基準が浮かぶでしょう。商品選択に影響しそうな消費者の違いは何だろうと考えて，できるだけ多くの基準を考えましょう。

2枚目以降にセグメントの円を書き込むときの注意点ですが，1枚目のセグメントをコピーしてどこかに配置しようと考えてはいけません。軸が変わればセグメントの表現も新しいものが出てくるはずなので，頭を切り替えて軸に向かってください。たまたま同じ名前のセグメントが出てくることは問題ありません。

セグメンテーションのシートが何枚か出来上がったら，うまく市場の広がりを表現できていると思うもの，書かれているセグメント別にアプローチ方法が想像しやすそうなものをひとつ選んで後のステップに繋げます。当初思ってい

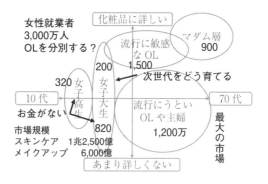

図 5-4　セグメンテーションにメモをする

たより潜在市場が広がっていると感じられるようなシートがあればしめたものです。コピーをとった上で、今度は各セグメントに自由にコメントを書き込んでいきます。市場の人数、購買力（人数だけでなく、ニーズの強さや可処分所得なども含めます）、攻略のしやすさ、特徴あるニーズなど思いつくものを書き込みます。これは、次のステップの市場の大きさの分析にあたります。必要に応じて有力と思われるいくつかのセグメントについて調査を行い、1次データを得ることを検討するのもこの段階です。

　縦横2軸をとって行うセグメンテーションの作業で陥りやすい誤りの例をいくつか挙げておきます。

　・軸を説明している（消費者が見えない）

　図5-2の左下に「化粧をしない若者」，右上に「化粧品に詳しい高齢者」などと書いてしまうミスです。これでは軸の説明に過ぎません。「化粧品に詳しい高齢者」の象限にいる消費者の顔を創造するのがセグメンテーションです。白金マダムというセグメントがいるとわかれば，白金近隣のエステサロンやレストランのパーティーなどで配ってもらうサンプルを配布するなど，Promotionのアイディアが出てきます。「化粧品に詳しい高齢者」より打ち手が想像しやすくなるのです。

　・商品を分類（説明）している

　ここで表現するのは消費者グループです。それぞれの象限（シート上の位置）の消費者が求める商品や人気のあるブランドではありません。

　・1軸になっている

　図5-3右は横方向の1軸のみに分布していましたが，縦横ではない1軸もあります。例えば健康不安と年代を2軸にとって収入別セグメントを書くと斜めの分布になります。これは，2軸がほぼ同様（1軸）の意味だからです。

　・空白について検討していない

　セグメントより先に軸をたてるのが，この手法の面白みです。思いもつかないヘビーユーザーとなるグループが隠れているかもしれないので，空白部分にチャンスがあると思って知恵を絞りましょう。軸を選ぶ際に，セグメントを想像しないで選んでみることも大事です。

演習
課題

課　題

　女性用化粧品を例に，図5-2とは異なるセグメンテーションを，最低3枚作ってください。化粧品のジャンルはメイク商品か基礎化粧品かに決めたほうがやりやすいでしょう（どうしても想像がつかなければ他の商品でも構いません）。

　図5-2と同じ軸を使って，自分の考えで違うセグメントを当てはめてみても構いませんし，まったく違う軸を立てても構いません。参考に表5-4を再掲しましたが，ここにあげられている基準には大きすぎて，このままでは使いにくいものも含まれています。例えば文化が化粧品の需要に影響するとしたら，具体的にはどんなことがらを通してなのかを考えないと使いづらいでしょう。表以外の軸をたてることにもぜひ挑戦してください。

　セグメンテーションのシートは，何枚も書くことが大事です。1枚ずつの完成度で悩むより，枚数を増やしてみることを勧めます。何枚か書いたあとで，最初のシートを見直せば新たな発見があるかもしれません。

カテゴリ	基　準
地理学的変数	住所，気候，人口密度，地域文化…
人口動態変数	年齢，性別，家族構成，職業…
行動変数	購買行動（比較検討に費やす時間・ネット活用の有無…），購買頻度…
心理的変数	ライフスタイル，パーソナリティ，趣味，商品への興味，購買動機…

課　　題

　２つの分析例を紹介します。図5-2と違う軸，セグメントになっているのが
わかると思います。

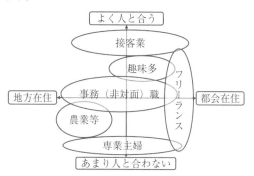

　「趣味多」としたセグメントではマーケティング・ミックスにつなげるのが
難しそうですね。こんな場合も遠慮せずに記入したままにしておきます。

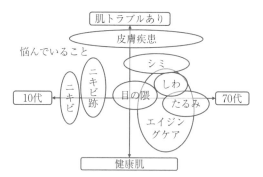

　こちらは，まったく異なるセグメントが現れました。「○○に悩む人」とい
うのが正しい表現になるでしょう。肌トラブルを意識した化粧品という新ジャ
ンルの発想が生まれました。本節の最初に他には？　と考える拡散志向が大事
だと書いたのはこういうことです。自己規制せず，遠慮なく書き込みましょう。

5-3 ターゲティングの基準

　STP 分析の 2 つ目のステップは，ターゲティングです。少ないコストで大きな利益がとれるセグメント，つまりマーケティング ROI を最大化できるセグメントを標的市場（ターゲット）として設定します。具体的には，ここまでに作成したセグメンテーションのシートについて検討して，標的のセグメントやゾーンを決定する作業なので，セグメンテーションのように新たにシートを作るわけではありません。セグメンテーションのシートの上にいろいろな書き込みをしますので，何枚かコピーしておくといいでしょう。セグメントを選ぶ（ターゲットを絞る）ときには，以下のような基準を参考にします。

表5-5　ターゲット選定の基準

選定基準	検討内容
市場の大きさ	対象人数，購買力，購買頻度など
競合の状況	セグメントのニーズに応えている競合製品は強力か，今後出現するか
差別化の容易さ	現在や，今後出現する競合との差別化の方法は容易に手に入るか
アクセスの容易さ	セグメントへのコミュニケーションの場があるか，今後作るのは容易か

基準 1.　市場の大きさ

　市場の大きさは，売上の可能性の根拠となる重要な基準です。最も基本となるのは，セグメント内の人数となります。

　細分化基準に地理学的変数や人口動態変数を使った場合は，国勢調査などから人数を求めることが可能です。「マダム」や「流行に敏感」という属性では統計から人数は出せないので，推定することになります。例えば流行に敏感なのは女性の○○％だろうと推測し，その割合を女性全体の人口にかけて算出するわけです。

　割合を推測するためには，簡単な調査をして見当をつけます。少人数に対するアンケートで流行に敏感な人がいた割合を採用することなどが考えられます。

また，市場規模は人数だけでは測れません。100人の市場でも3倍の数量のニーズがあったり，4倍の購入頻度があったりすれば，200人の市場より大きいことになります。人数×金額＝売上，人数×年間購入金額＝年間売上額といった計算式を思い浮かべて，それぞれの要素を考えることで市場の大きさを検討します。

　記入例は，前節本文の最後にある図5-4を参照してください。

基準2.　競合の状況

　競合の状況と差別化の容易さは，市場の中でどの程度のシェアをとれるかを考えるための根拠です。下の図でそれぞれ見ていきましょう。

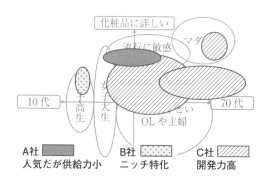

図5-5　競合の状況

　図5-5では，競合のカバーしている範囲を考えています。中心から右上に競合が集中しているので，競合の少ない左下を狙うことも考えられますが，市場自体が小さい可能性もありえます。新しいジャンルの商品などでは競合が多いほうが売上拡大を見込める場合もあり，このシートだけで判断するのではなく，他の状況と合わせて参考にします。

基準3.　差別化の容易さ

　差別化は「顧客にとって」競合より高い価値を提供することを考えるもので

すから，顧客ニーズを検討することが必要になってきます。図5-6 では，セグメントごとに異なる特徴的なニーズを書き込みました。特定のニーズについて競合より上手く応えることができるのであれば，それが自社の差別化ポイントとなります。自社の差別化ポイントに対応するセグメントは標的にする優先度が高まります。

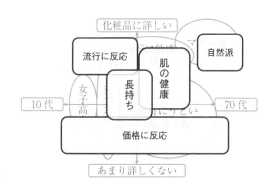

図 5-6　差別化の容易さ

基準 4.　アクセスの容易さ

　アクセスの容易さでは，そのセグメントに適したマーケティング・ミックスを構築することが自社にとって容易であるかを考えます。

　Place の観点はわかりやすいでしょう。米軍基地内，国立公園内など特殊な場所に販売拠点を持っていれば，そこにいるセグメントにアクセスしやすくなります。次の図では Communication の点でのアクセスを考えています。

　セグメントごとに有効と思われる Promotion 手段を書き込み，どの方法なら取り組みやすいかを検討することで優先度の高いセグメントが見えてきます。右上のゾーンには有効な手段が想定できずにメモを書いています。このように不明な点についても見当をつけておけば，後の検討に役立てることができます。

　商品ごとの特徴ある消費行動（検討から購入までのプロセス）を考えることからもヒントを得られます。例えば，美容液などの基礎化粧品であれば，テレビ

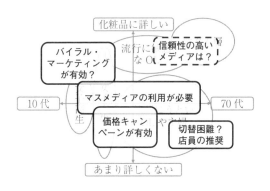

図 5-7　アクセスの容易さ

や街頭のポスターを中心とした告知で商品の存在を知り，雑誌などのメディア
で詳細情報を付加し，インフルエンサーの紹介や口コミなどで使用感を知って
から購入を決めるというプロセスが考えられます。手ごろな価格の中機能の商
品であれば最初の告知プロセスのメディアへのアクセス容易度，特別な付加価
値を持つ商品であれば詳細情報の提供に力を入れるためセグメントに特化した
雑誌へのアクセス容易度を検討することになります。左上のバイラル・マーケ
ティングは口コミなどでウィルスのように情報が広がっていくことで，使用感
が伝わることが期待できるものです。

　市場の大きさ，競合の状況，差別化の容易さ，アクセスの容易さの4つの基
準で標的とすべきゾーンが絞られてきます。4種類の検討が同じセグメントを
指し示す場合は問題ありませんが，異なるセグメントを指している場合にはど
の基準を優先するか考えなくてはなりません。
　あらためて，4つの基準を見直すと，前半の2つが外的要因，後半が内的要
因となっていることがわかります。外的要因とは自社の外側，市場環境に関係
することがら，内的要因は外部とも関係しますが，自社の能力や資源に主に関
係することがらです。
　新規創業で，創業者に特別な資源がない場合には外的要因を優先するほかに

ありませんが，一般には内的要因を優先したほうがリスクを少なくすることに
つながります。具体的には，事業ドメインや自社の商品を中心にターゲットを
設定します。

　この場合は，最後は基本的なスタート地点からの発想になるわけですが，こ
こまでの 4 つの基準を考えることで，新たな視点を組み入れることができます。
自社の考えている商品価値と顧客が感じる価値の相違などが発見できればしめ
たものです。

　単一の基準で測れないので選定に苦労しそうに見えますが，ここまでの作業
をしっかりやっていれば意外とスムーズに標的とすべきセグメントが浮かび上
がってくるものです。

■■■ もう一歩踏み込んで ―購買のゆらぎ　ターゲティングのフィードバック―

　図4-8で, 戦略の実行から生まれる気づきに着目したARPADサイクルの考え方を紹介しました。実行の中で生まれる気付きとして重要なものが, 想定していたターゲットと, 実際の購買のずれです。

　ターゲティングはニーズを持ったセグメントを限定するものですが, 別の味方をすれば, あるセグメントが持っているニーズを絞り込むことであるとも言えます。

　販売 (Do) を続けている中で, 想定していたターゲットと異なるセグメントの顧客がいることがわかってきたといったPOSデータや, 想定していたものと異なる買われ方をしているらしいという売り場での気づき (Awareness) があった時には, どのようなニーズで買われているのかを調べる (Research) ことで新しい発見ができるかもしれません。

　リッチな (多くのヒントが含まれた) 定性情報を得るために, 最も効果的なのは, 想定セグメント以外の購入者や, 想定していないニーズで買ったことが明らかな購入者に直接購入理由を尋ねることです。あるいは, 自社商品の売場で顧客を観察することや, 自社のユーザーを対象としたグループインタビューで, 商品がどのように使われ, 評価されているのかを探ってみることもいいでしょう。

　想定していなかったニーズの発見はターゲットの拡大・修正のきっかけになることがあります。通常, ターゲットの拡大は効率性を悪化させる要因ですが (X社のシミュレーション), 想定外のニーズが今のマーケティング・ミックスで吸収できているとすれば, 拡大のコストは低いもので済むかもしれません。

**演習
課題**

課　　題

　セグメンテーションされた市場の中から標的を絞る基準として市場の大きさ，競合の状況，差別化の容易さ，アクセスの容易さの4つをあげました。その上で，最終的には基本的なスタート地点である事業ドメインや自社の商品を中心にターゲットを設定するとも説明しました。

　ドメインや自社商品が中心なのであれば，前の4つの検討は不要ではないかとの誤解が生まれないように説明を加えておきましょう。

　例として和服の仕立て屋を考えます。和服の生地・反物のメーカーでもなく，洋服や小物の縫製技術もなければ，たしかに商品の展開を考えづらく，現在のターゲットである着物メーカーや生地メーカー，自分で着物を仕立てる和服好きのユーザー以外にターゲットを設定することは困難でしょう。また，現在のターゲットのニーズに応えられる技術力があり，標的市場に充分な市場性があれば，ターゲットを追加することによる，商品カテゴリ・事業ドメイン拡大のための大きなコストとリスクを負担する必要はないのです。

　しかし，「もう一歩踏み込んで」で見たように，拡大のコストを抑えながら新たなターゲットに拡大できることもあります。そのような場合には，市場の大きさ・競合の状況・差別化の容易さ・アクセスの容易さの4つの基準が大事になってきます。

　どんな場合に現状の商品・ドメインから離れたターゲティングが可能になるのか考えてください。

課　題

　仕立て屋がエンタメ好きをターゲットとして映像制作を事業化するのは普通では考えられません。しかし，人形業界やペット業界に目を向けることは可能です。リスクを最小限にしながらドメインを拡大することは，自社商品・技術の価値を消費者目線で柔軟に考えることで可能となります。

　Post-it の誕生についての話を見てみましょう。

　1968 年米国 3M 社，強力な接着剤を開発中の失敗作として Post-it に使用される糊が開発されました。この時点ではどんなニーズにも応えられない糊だったわけです。その後 10 年以上経て，技術的素材である「糊」に消費者目線の「まったく新しい社内でのコミュニケーション・ツール」に使えるという価値を付け加えることで Post-it が開発できたのです。ニーズを，製品から発想しやすい「何かを接着したい」に限定せず，幅広く市場を考えることで「社内でコメントを共有したい人」という広大で，競合のいない標的市場を見つけることができたのです。

　もうひとつは，メイクの話です。

　病院で寝たきりの老人や皮膚病の患者にメイクのサービスをするメイクアップアーティストがいます。きっかけはひとつの依頼からで，いわばアクセスの容易さが引き金となったわけです。イキイキと暮らすことを忘れがちだった高齢者たちや，メイクは無理だと諦めていた皮膚疾患の患者が，専門家による安全で美しいメイクを施されることによって，心理的に活気づき心身ともに健康に向かうことがわかり，患者本人だけでなく治療を担当する医療関係者にも好評だそうです。化粧品のように価値が限定されているかのように見える商品でも，新しいターゲットを掘り起こすことができることを表した事例です。

5-4　ペルソナの設定

　ターゲットを設定したらそのセグメントにいる一人の人を想像してペルソナ
を作ります。マーケティングの分野での「ペルソナ」という言葉は，どんな人
かといった意味です（心理学で使われるペルソナとは若干意味が異なります）。

　ペルソナ設定の目的は，ターゲットのニーズや行動に合わせた最適なマーケ
ティング・ミックスを行うための参考にすることです。ターゲット層全体を考
えるとニーズが見えにくいのですが，その中の代表的な一人を想定して人物像
を明らかにすることで，ニーズや行動が想像しやすくなります。人物の名前を
決め，「○○さんはこんなときどうするか」と議論することで，マーケティン
グチーム内でターゲットイメージを明確に共有でき，戦術のヒントが得られる
効果があります。

　ターゲットが「都心に住む 30 代男性のオフィスワーカー」などのように属
性の簡単な列挙で終わるのに対し，ペルソナはその人となりが浮かぶように記
述されます。本節の「もっと踏み込んで」では事例としてカルビー社のジャガ
ビー（スナック菓子）で実際に設定されたといわれるペルソナをあげました。こ
の例は，複数の WEB サイトでも紹介されているので，ぜひ検索してみてくだ
さい。

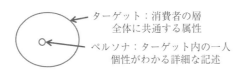

図 5-8　ターゲットとペルソナ

　あたかも実在する人のように年齢・性別・居住地・職業・役職・年収・家族
構成などの属性や，趣味・特技・価値観・特技・生い立ち・休日の過ごし方・

悩んでいることなどの内面を考えます。存在感を出すために名前を決めることは欠かせません。

　ターゲット内の多様な人すべてを網羅的に考える必要はありません。ターゲット層すべてに共通することに縛られると，個人が浮かび上がらない記述になります。「よくいそうな人」くらいの感覚で，正解を探しに行くのではなく，自由な発想を楽しむことが大切です。顔写真や住んでいる部屋のインテリア写真などのビジュアルイメージも効果的です。

　ペルソナの記述では，その場にいない友人のプロフィールを，仲間内で楽しんで語るようなイメージで作るといいでしょう。そんなときにはターゲティングで語られるような一般的な属性（あいつ，20代男性だよな）だけではなく，より特徴的なこと（毎朝10㎞走ってるらしい）を探すことになると思います。それが，大きなヒントになることがあるからです。

　ポイントとしては，ターゲット内に①「よくいそうな」②「人全体」の描写を中心にすることです。都合よく，自社商品が欲しくてたまらない設定にしてしまってはなんのヒントも得られませんし，滅多にいない人を設定するとターゲット層からの乖離が大きくなり，適切なマーケティング・ミックスができなくなります。またその商品（カテゴリ）に関する態度・関心ばかりではなく，商品と関係ない場面での生活，性格，感情など人物の全体像を描くことも重要です。日常生活に関する記述からマーケティングのヒントを得ている様子を，ジャガビーの事例から感じてください。

　最低でも5〜6行程度は書きたいところです。あまり思い浮かばないようなら，周囲にいるターゲットの属性に近い人にインタビューしてもいいですし（こういう人達って，普段どんなことしてるのかな……等），身近な人を思い出したり，ドラマや小説の中の登場人物を観察したりしてもヒントが得られるでしょう。「こんなことよくありそうだな」と思ったことを付け加えてペルソナを充実させていきます。30行を超えるようであれば，それは書き過ぎかもしれません。そ

の後の作業の中である程度膨らます余地は残しておく必要があります。

　ペルソナの設定は自由に楽しみながら行いますが，その結果，設定したター
ゲットから離れていかないように注意してください。もし離れてしまった場合
は，よほどのことがない限り，ターゲット設定を変更して辻褄を合わせるので
はなく。ペルソナを修正してください。「よほどのこと」として考えられるのは，
ペルソナの属性を考えているうちに，新たなセグメントを発見した場合です。
属性はセグメンテーションにつながることなので，その場合は最初のステップ
であるセグメンテーションからやり直すことになります。新しい軸で最初から
考えることもありえます。今までの軸を使って新たなセグメントを書き足す場
合でも，そのセグメンテーションのシート全体を見直してください。今までと
違った見方を発見したわけですから，さらに別のセグメントを発見できるかも
しれません。

　なお，セグメンテーション・ターゲティングに続いてペルソナ設定の説明を
しましたが，前述の STP 分析の P はポジショニングで，ペルソナではありま
せん。ポジショニングについては，第 6 講義で解説します。

■■■ もう一歩踏み込んで ―ジャガビーのペルソナ設定例―

　カルビー社のスナック菓子ジャガビーの例で，ペルソナの設定がマーケティング・ミックスにどのように影響するか見てみましょう。

　この商品はそれまでスナック菓子が苦戦していた 20〜30 代の独身女性をターゲットにしており，ペルソナは社内の対象年齢の女性の意見を取り入れ「27歳独身女性，文京区在住，ヨガと水泳に凝っている……」と設定されました。

　スナック菓子は店頭で目立つよう派手なデザインが多い中，ジャガビーはおしゃれそうなこの女性の部屋においても違和感のない，落ち着いたパッケージデザインとされ，素材や製法も丹念に吟味されました (Product)。商品サイトも落ち着いた色調となっており，テレビ CM にはこの女性が読みそうな雑誌「Oggi」で活躍するヨンアが起用されました (Promotion)。販売は男性来店客が8 割とされていたコンビニエンスストアですが，小さめのスナック菓子をペルソナが購入する場所としても最適な場所です (Place)。

　結果として生産が追い付かなくなるほどのヒット商品となり，男性中心のコンビニでも実際の購入者の半数が女性であったことが判明しました。

　この例での当初のペルソナは比較的あっさりしていますが，「読んでいる雑誌は Oggi」「休日はおしゃれなカフェを巡ってインテリアの参考にするのが好き」「友人の影響でハーブティーを楽しみ始め，目覚めはコーヒーからハーブティーに変わった」「流行の服よりも上質な服を大切に着続けることが多く，後輩からセンスがいいと褒められることが多い」といった記述も付け足せそうです。(「自己流「ペルソナ」で大ヒット商品生み出す」日経クロステック https://xtech.nikkei.com/it/article/JIREI/20070914/282071/　2022 年 2 月 1 日閲覧)

**演習
課題**

課　　　題

　赤ワインを商品として考え，ターゲットとペルソナを設定してください。ターゲットの設定にあたっては，なぜそのセグメントを選んだのかも説明してください。

　ペルソナでは，商品に関連することだけでなくその人の全体像を描くことが大事だと説明しました。着ている洋服，親友といるときの笑い方，何かを質問したときの答えなどが想像できるようになれば完成です。

　カルビーの事例や第 9 講義 2 節ブランディングにある Soup Stock Tokyo の「秋野つゆ」も参考にしてください。

　ペルソナの設定は，マーケティング・ミックスの参考にするためとも説明しました。赤ワインの Product や Promotion についても考えてみてください。

　基本的には商品をベースにターゲティングを検討すると書いたように，先に商品を設定してからターゲティング，ペルソナを設定してもいいですし，ワインメーカーになったつもりで，ペルソナに合わせて開発する商品の目指す方向を書いても構いません。

　赤ワインで思い浮かばない場合は，他の自分が興味ある商品で構いませんが，個人の趣味・嗜好などが商品選択に大きく影響するものを選んでください。年代，職業，地方などで需要が決まってしまうものでは，あまり発想が膨らみません。

課　題

　商品特性を口当たりの良い赤ワインとし，口当たりの良さを活かして，競合が狙わない赤ワインが苦手な 20〜40 代の女性をターゲットとして設定しました。

ペルソナ：スズキユウコ，27 歳，女性，東京都調布市在住
職業：食品会社　レシピ開発部
資格：管理栄養士，野菜ソムリエ
趣味：書道，キャンプ

・15,000 人のフォロアーがいる会社の instagram で，無農薬野菜や日本の出汁を使った料理を発信している。
・コメントを書く役割が自分でないことを残念に思っている。
・体を動かすのが好きで，世田谷にある会社まで 30 分の自転車通勤。
・学生時代から付き合っている彼とは結婚を意識し始めている。
・好きな言葉は努力。
・お酒は好きだが，赤ワインは難解そうで苦手。
・新しく上司になった 40 代女性を尊敬しており，彼女のことばかり話すのが，最近友人から不評。

　お酒は飲むが，赤ワインは苦手というセグメントには発展性が大きいと判断しました。Promotion としては「彼氏を招いて 1 ランク上の宅飲み」をテーマにした WEB 動画広告はどうでしょう（あくまでペルソナを先に書いてください）。

　イメージのために沢尻エリカさんの写真を使うことを検討しましょう。画像のパワーはぜひ利用したいのですが，チームメンバーそれぞれが彼女の異なる出演作品に触れていた場合，キャラクターイメージに大きなずれが出る可能性があります。俳優の写真は使わないほうが無難です。

第6講義
競争戦略

ここを 学ぼう	**競合のいる環境でどのように戦うか**

　競合とはライバルのことです。自社商品の購入を考える消費者が、比較検討する商品やブランドです。どんなに目新しい商品であっても、競合が存在しないことは、ほぼあり得ません。競合の中で選ばれない限り売上につながらないわけですから、競合にどのように対応するか（競争戦略）を考えることは必須の作業となります。

　第6講義では、ニーズとの関係で「競合」の意味を考えてから、基本的な競合への対応方法と競争戦略としてあげられるいくつかのパターンを学びます。

6-1　競合とは何か

「競合」という言葉が意味する範囲は，ひとつではありません。

まず思いつくのは「他社の同じ機能を持つ商品」であり，味噌なら他社の味噌，カシオの電卓ならシャープの電卓，月9のドラマなら裏番組です。これは「消費者のニーズに対し同じ解決策を提示する商品」であり，図6-1のAの範囲です。

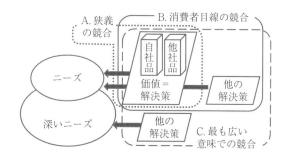

図 6-1　競合とは何か

電卓を購入する際には，スマホやPCのアプリ，表計算ソフトで代えられないかも検討もするはずです。これらは「消費者の同じニーズになんらかの他の解決策を提示する商品」であり，図6-1のBの範囲で表されます。

月9ドラマを見る人には「月曜21時からドラマを見たい」だけでなく，もう少し深いニーズも想定されます。深いニーズが「エンタメに触れたい」だとすれば，映画や各種ライブ，美術館なども競合になり，「特定の時間を楽しく過ごしたい」だとすれば，カルチャースクールや居酒屋なども競合となります。図6-1ではCの範囲で，今まで存在しなかった新しい商品・サービスではA・Bの範囲内に競合がいないため，ここまで広げて検討する必要があります。これらは「消費者の深層のニーズに対応する他の価値を提供できる商品」と言え

110

ます。

　競合の存在が判明したときには自社の対応方針を決める必要があります。ど
のように対応するかを考えるのが競争戦略です。競争戦略を立てなければ，自
社の状況が競合によって左右されることを受け容れることになってしまいかね
ません。競争戦略では，どのように競争するかの前に，競争をするかどうかと
いう次元から方針を考えます。競争戦略の基本方針には大きく3つの方向性が
あります。

1. 競争を受け入れる
   a. 差別化がされていない成長市場では，市場拡大を期待して競争状態を
      放置しても，しばらくは売上が確保できる可能性があります。
   b. 機能を強化する，価格を安くするなど，顧客が重要視する価値の軸に
      沿って，競合より高い価値を提供する方針です。
2. 正面からの競争を避ける
   c. 顧客が競合商品の中心的な価値ととらえていない軸で自社商品をアピ
      ールする。ここに位置するブルー・オーシャン戦略とは，激しい競争
      で赤い血に染まった市場（レッドオーシャン）ではなく，戦いのない市
      場を探そうとするものです。
   d. 特許による保護などで，競合が市場に入ってこれないようにする方針
      です。狭義の競合にしか対応できませんが，強力な競争戦略です。
3. 競争をしない
   e. 厳しい競争環境下で収益が見込めない場合は，その商品・市場での取
      り組みを諦めるのも勇気のある正しい決断と言えます。

　3つの方向性と5つの方針をまとめたものが次の図です。aに近づくほど競
争受容的，eに近いほど競争回避的といえます。この中でbcdの方針の一部に

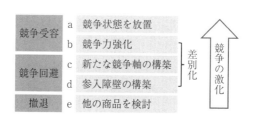

図6-2　競争の基本方針

は差別化戦略が含まれます。

　図ではb，c，dのすべてが差別化であるような表記になっていますが，この中にも差別化でないアイディアが含まれています。例えば営業マンを増員するプランはどうでしょうか。営業マンを増員することによって，購入後の手厚いフォロー体制を構築するのであればbの競争力強化であり差別化になりますが，競合他社と新規顧客獲得のための営業マンパワーで競い合うだけの状況であれば，差別化ができているとは言いづらく，aに近い方針と言えます。

　また，dの参入障壁に当たる例として，地域内で1社しか行政から許可されない認可制のビジネスなどがあげられますが，これも差別化とは若干意味が違います。

　競争があるところでは差別化をしなければならないと短絡的に考えるのは誤りです。最も効率的な選択肢は，競争のない市場でビジネスを行うことです。競合との差別化のみに焦点をあてていると，肝心の顧客のニーズから離れることにもなりかねません，差別化はマーケティングの中でも最も強力なアイディアの一つですが，唯一絶対の解ではないのです。

　従って，こだわる必要はありませんが，すべてのオプションが選択可能なのであれば，競争の基本方針はeから考え始めるべきです。弱気に感じられるかもしれませんが，それが賢い戦略と言えます。

　社内外の事情から，他の商品・市場に検討先をかえることができない，あるいは当初想定の商品・市場が魅力的であるため，どうしてもそこで取り組みた

いという場合にdより上を検討します。特許やビジネスモデルなどで作る参入
障壁は強力な競合対応ですが，その障壁の内側に自社が囚われ，市場の変化に
取り残されないように注意を払うことも重要です。過去の成功体験は，個人だ
けでなく企業のような組織にも思考停止をもたらし，継続的な成功を危うくす
るものです。

　一般的にはbcの方針を取ることになりますが，このときも可能であればc
の方向に進むべきです。ナンバーワンを目指すのがbの戦略，オンリーワンを
目指すのがcの戦略と言ってもいいでしょう。bの競争力強化志向の最も極端
なものが，価格競争です。際限なく続く価格競争は自社競合ともに疲弊して，
市場が崩壊する危険があります。

もう一歩踏み込んで　―どの範囲で競合をとらえるか―

　図6-1で競合のとらえ方は1種類ではないことを学びましたが，極端に言えば無限に競合が存在することになります。それなりに手間のかかる監視対象の競合が膨大な数になるのは現実的ではありません。そこで，監視対象とする重要な競合をいくつかに絞る必要が出てきます。

　この「重要さ」についても消費者の視点を意識します。チーム内でセールスマンと顧客の対話をしてみるのはどうでしょう。「いや，それ買わなくても○○持ってるし」といったキーワードから，強い競合となりそうなものをピックアップするのです。

　それでも妥当なものが出てこなかった場合も，競合は必ずいると考え，市場の大きさを目安に，競合範囲 A，B，C の順に考えていきます。

　まず A の範囲を見渡します。この範囲の市場にいる競合をいくつか選択し，常に監視することが必要です。また時々，A 範囲を見直して新しい競合の出現をチェックすることも欠かせません。

　A 以外の B 範囲については，先程例に上げたロールプレイングやインタビュー調査等を時々実施して競合の出現を確認しておきます。この範囲の競合についての監視は A 範囲より落としても構いません。B 以外の C 範囲については，個別の商品や企業ではなく，市場動向に関心を払っておく程度の関わりがいいでしょう。

　第5講義3節の「もっと踏み込んで」で解説した，購買のゆらぎからの観察も有効です。想定した以外のセグメントやニーズからの購入があるということは，自社商品の競合範囲が拡大していることも表しているからです。顕在的な競合に備えた戦略を作り上げるとともに，潜在的な競合の存在を探るアンテナを常に張っておかなければなりません。

**演習
課題**

課　題

　図 4-7 で見たように，企業と消費者の接点はマーケティング・ミックスであり，マーケティング・ミックスは競争戦略と深い関わりがあります。
　このことは，競合を見誤ってしまうと，競争戦略もマーケティング・ミックスもすべて的はずれなものになってしまうことを表しています。
　競合の発見が大変重要であることを理解した上で，競合を考えるトレーニングをすることにしましょう。

　商品を家庭用のエアコンと設定して，図 6-1 に沿って競合を考えてみることにしましょう。
　A の範囲である狭義の競合（消費者のニーズに対し同じ解決策を提示する製品）は，単純に他社のエアコンです。

　それでは B の範囲　消費者目線の競合（消費者の同じニーズになんらかの他の解決策を提示する商品），C の範囲　最も広い意味での競合（消費者の深層のニーズに対応する他の価値を提供できる商品）には，それぞれどんなものが考えられるでしょうか。それぞれ 4 つ以上の商品をあげてください。

　また C の範囲の商品は，エアコンに対して消費者が持っている深層のニーズに応えるものです。それぞれの商品が，どのようなニーズに応えるものであるかも合わせて回答してください。

課　　題

B　扇風機，除湿器，空気清浄機，ガスストーブ，電気ストーブなど
C　高断熱住宅，カーペット，ルームウェア，風鈴，加湿器，乳液など
　　ニーズは下の解説を参照

解説：
　エアコンの機能を考えることでB（消費者の同じニーズになんらかの他の解決策を提示する商品）の範囲にたどり着けます。暖房，冷房，除湿，そして機種により空気清浄などがエアコンの機能であり，それはエアコンに求めるニーズであると言えます。エアコン以外でそのニーズに応えられるものがBの消費者目線の競合です。
　C（消費者の深層のニーズに対応する他の価値を提供できる商品）の範囲を考えるためには，上記の機能を通じて消費者は何を求めているのかを想像することが必要です。熱くないこと，寒くないこと，じめじめしていないこと，これらのニーズの先，深層にあるものは住宅内での温度湿度ともに快適な生活に対するニーズです。暖かいカーペットやひんやり感じる畳，保温効果や放熱効果のあるルームウェアとともに，快適性を守りやすい住宅そのものもあるでしょう。体感の印象という意味では風鈴や，暖炉の映像などもあげられます。
　また加湿機能を持つエアコンを知らないのですが，快適な湿度と考えれば除湿だけでなく，加湿にも思い当たります。加湿器や保湿性の高い乳液などもあげられる点が，Cの範囲がBまでの検討と大きく異なる特徴です。

6-2　ポジショニング

　図6-2競争の基本方針の両極にある競争状態を放置するか，その商品・市場を放棄する方針を取らなかった場合，何らかの競合対策を取ることになります。競合とは消費者が購入の際に比較検討する商品ですから，その中で選ばれるためには消費者から，自社商品がどのように見られるかを検討するところから競合対策が始まります。

　消費者が頭の中に思い浮かべている競合の並びの中で，自社がどの位置（ポジション）にいるかを検討，設定することをポジショニングといいます。ポジショニングは第5講義で触れたSTP分析の最後のステップになります。

　ポジショニングはセグメンテーションで使ったのと同じような2軸のシートを活用して行われることが一般的です。

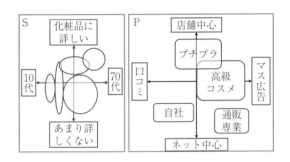

図6-3　STとポジショニングの違い

　図ではセグメンテーションのシート（左側）とポジショニングのシート（右側）を並べています。軸と内容（表示されるもの）の違いを理解してください。

　見ための似ている表ですが，この二つはまったく異なるものです。

左のセグメンテーションに表示されるのは人（消費者の層）で，買う側です。右のポジショニングで表示されるのは商品・店など売る側です。

　セグメンテーションで軸として用いられるのは表5-4で示した細分化基準であり，買う側の「人」の属性でした。ポジショニングは売る側の「商品・店」を検討するもので，商品・企業のイメージや4Pに関連するもの，商品購入の際に判断基準となるものを軸にとります。ここで注意が必要な点は，ポジションの違いはターゲットの消費者が判断するものだということです。ポジショニングは商品等を検討するものですが，正確には商品そのものではなく，「商品がターゲットからどう見えているか」を考えるものです。商品イメージなどについて考えるときに，この視点を忘れないようにしましょう。競合と同時に自社もシート上に位置づけます。ポジショニングは自社の戦略位置を決定するものなので，最終的に位置を移動することもあるので，この時点での自社のポジションは暫定的な位置づけです。

　複数枚のシートを描き終えたら，それぞれに自社が目標とするポジションを書き込んでいきます。競合がたくさん集まっているエリア（戦略ポジション）は競争の激しいエリア，強力な競合がいるエリアはシェアの獲得が難しいエリアです。

　競合がまったくいないエリアは，一見魅力的に見えますが，軸を見てよく考えることが必要です。軸には2つの種類があることを理解しましょう。高品質⇔低品質のように商品の魅力に比例する軸（魅力軸と名付けましょう）では売れる商品は明らかに一方に偏り，競合がいないからといって低品質側を選ぶことは考えられません。一方，大きいサイズ⇔小さいサイズなどのようにニーズによって様々な位置のものが選ばれる軸（選択軸としましょう）では競合がいない位置にチャンスが潜んでいる可能性があるので，検討する価値があります。

　選択軸で競合のない位置に自社を位置づけるのが競争の基本方針cの新たな

競争軸の構築です。

　魅力軸では近くのエリアに競合がいない必要はなく，少しでも魅力の高い方に自社商品を位置づけることが重要になります。これはｂ競争力強化の方針になります。このように自社のポジションの目標を置いてみて，仮置した現状の位置から，そこに移動することが可能であるかを検討します。最後に実行可能性のある数枚の中で，競争力が一番高いものを選ぶことになります。

　STP 分析において Segmentation，Targeting までは消費者についての分析，Positioning は消費者から見える自社商品と競合の違いを分析するものです。セグメンテーションがターゲティングのための作業である上で（違う価値もありますが），S-T-P と並べられると，最後の Positioning が結論のように見えてしまいますが，STP 分析は自社の標的市場の設定と，戦略位置の決定という２つの違ったテーマがまとめられていると理解しなければなりません。

　また，ＳとＴではセグメンテーションのシートを選択してから，結論の作業であるターゲティングを行いましたが，ポジショニングでは，複数のシートそれぞれで自社ポジションを設定したあとで，最適なシートを選択します。「シートの選択」と「結論の作業」の順序が逆であることに留意してください。

もう一歩踏み込んで ―ブルー・オーシャン戦略―

　競争のまったくない海域（市場）で漁をしようとするのがブルー・オーシャン戦略ですが，これはポジショニングの延長にあるものだといえます。

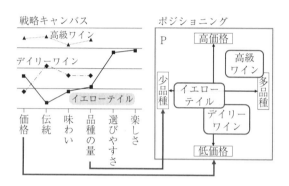

図6-4　ブルー・オーシャン戦略とポジショニング

　左のグラフはブルー・オーシャン戦略で用いられる戦略キャンバスと名付けられた図です（『新版ブルー・オーシャン戦略』P81を一部改変）。この中から二つの軸を抜き出すと右のようにポジショニングできます。つまり，戦略キャンバスは3次元以上でのポジション分析だといえます。イエローテイル社は右図の2軸では競合に勝てる見込みがないので，新たな競争軸を構築する方針（図6-2競争の基本方針のC）を選択し，選びやすさ・楽しさという競合が提供していない価値を提供・訴求するのがブルー・オーシャン戦略の発想です。ポジショニングのシートで表せば，新しい価値の軸では競合が片側に集中し，自社が反対側に位置することになります。

**演習
課題**

課　　題

　興味のある商品・店についてポジショニングを検討してください。自社商品については書き入れる必要はありません。

　解答例は商品（スマートフォン），店舗（ハンバーガーショップ）を用意していますので，比較したい場合はこの 2 アイテムがいいでしょう。紙幅の都合でハンバーガーショップについてはごく一部のチェーンしか検討できず，また表示範囲（円の大きさ）が大きくなってしまいましたが，消費者グループの範囲の広がりを検討するセグメンテーションのシートと異なり，ポジショニングのシートでは表示された要素の中心点がポジションの位置であることを理解してください。

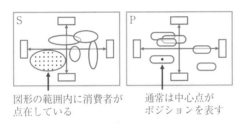

図形の範囲内に消費者が
点在している

通常は中心点が
ポジションを表す

図　表示要素が意味する範囲

　また，ポジショニングシートは消費者から見た商品の位置であると説明しました。私よりハンバーガーのヘビーユーザーである読者が同じ軸でポジショニングを行ったのであれば，そちらのほうが正しいものになるでしょう。

課　題

スマートフォンとハンバーガーショップの例を考えてみました。

スマートフォンのポジショニング

ハンバーガーショップのポジショニング

ポイントは，商品・店・企業あるいはブランドを表示しているかということ，
軸にとった要素が，購入の決め手になるものかどうかです。後者については善
悪評価ではないときもあります。スマートフォンの例でいえば，高価より安価
がいいに決まっていますが（魅力軸），多機能がいいか，使いやすいものがい
いかについては消費者ごとによって違います（選択軸）。この点がターゲティ
ングの視点につながってきます。

6-3 差別化戦略と競争地位

　競合の範囲・主要な競合が設定され，ポジションの分布が明らかにされたら，そこから競争の方針が立てられマーケティング・ミックスが計画されます。

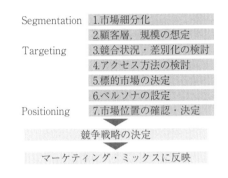

図6-5　STP分析からマーケティング・ミックス

次の1軸の図でポジショニングと競争戦略の関係を確認します。

図6-6　ポジショニングによる差別化

　セグメンテーションでは，細分化のサイズが大きくならないように2軸以上の分析が必須ですが，ポジショニングにおいてはターゲットにとって選択の基準が明らかに一つしかないのであれば，1軸で分析しても構いません。

　左側は選択軸です。選択軸では競合があまりいない位置づけを検討します。Z方向のような競合が対応していないエリアを狙うことをニッチ（隙間）戦略と言います（A側は後述の競争力の強化に近い）。ニッチな市場では価格競争に巻き込まれることが少なく，高い収益が獲得可能です。ニッチを狙う際には，そ

の市場が充分な規模を持ち，必要な利益が確保できるかを確認しなければなりません。

　右側は魅力軸，少しでも良い位置に立つことを目指すのが競争力強化戦略であり，明白な差がつけば差別化となります。ポジションの違いは消費者が判断する点を再確認しましょう。一時期のスマホ市場では「写真の解像度」が競争軸でした。既に各社のハイエンド機は一般ユーザーを十分満足させるレベルであり，これ以上の高解像化は一般の消費者にとって区別がつかず差別化にはなりにくいでしょう。

　ニッチ志向と競争力強化という2つの基本戦略の組み合わせ方法に影響を及ぼすものとして，業界内での位置（市場地位）があげられます。市場地位は企業単位ではなく事業単位で考えます。例えば大手酒造メーカーは，ウィスキー市場，ビール市場，缶チューハイ市場などのそれぞれの事業分野ごとに異なる市場位置になることがあります。

　業界内で大きなシェアと経営資源を持つ企業のことをマーケット・リーダー，比較的大きな経営資源を持ち，これに挑む企業をチャレンジャーと呼びます。チャレンジャーはリーダーとの差別化を図って，リーダーのシェア奪取を目指します。

　正面からリーダーを攻撃することは多くのコストを必要とするため，ニッチャーとよばれる企業は競合が対応していないニーズを深堀する，ニッチ戦略で収益を確保します。

　フォロワーと呼ばれる別の企業グループは，差別化戦略・ニッチ戦略ではなく，リーダーを模倣する戦略を取ります。リーダーの取りこぼしを狙うわけで大きなシェアは見込めませんが，リーダーが開拓費を負担してきた市場にのることで，研究開発費や広告費を抑えて利益を確保することができます。

　リーダーはチャレンジャー・フォロワー・ニッチャーの3グループに市場を奪われないように競争力を高めつつ，独特の戦略を考えることがあります。1つ目は，チャレンジャーが仕掛けた差別化の模倣です。リーダーが持つ多くの

経営資源を活用して競合の変化球と同じボールを投げることで，差別化戦略に対抗するのです。フォロワーの模倣はリーダーの戦略を活かすものですが，この場合の模倣は相手の戦略を無効にするという意味で対照的な意味を持ちます。

　2つ目は市場の拡大と秩序の維持です。競合も含めた市場全体の拡大や混乱の影響を最も受けるのは，大きなシェアを持つリーダー企業です。そのため，自社のみならず競合も含めた価値を伝え，市場全体の拡大を図ります。リーダー企業は健全な競争環境を守り，低価格競争を仕掛けることもあまり考えません。

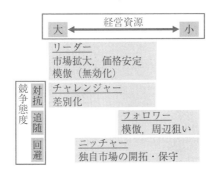

図6-7　市場地位による競争戦略

もう一歩踏み込んで ―市場の発展と競争戦略―

　市場を時間の経過から見ると，新市場が生まれたばかりの導入期，急拡大し
ていく成長期，安定する成熟期，縮小していく衰退期などに分けられます。そ
れぞれの時期によっても競争戦略の選択肢が変わってきます。

　導入期から早く成長期に移行するためには，自社だけでなく市場全体の拡大
を目指さなければいけない局面があり，技術やプラットフォーム（共通で使え
るビジネスの基盤）を公開して他社の参入を容易にする，参入障壁構築とは反
対の戦略がとられることがあります。

　成長期には競合と同質の商品でも需要が多いため，差別化にコストをかける
より製造力・販売力の増強に力が入れられることもあります。この時期に圧倒
的な露出量・販売量を持つことで，リーダーであることを消費者に印象づける
ことで高いブランド力を築くことができるのです。食品用ラップがサランラッ
プ，宅配サービスが宅急便と呼ばれるように，一般名詞のように呼ばれるブラ
ンドは，このことに成功したと言えます。

　最も競争が激しくなり差別化が重要となるのは成熟期です。衰退期には図
6-1 の C 最も広い意味での競合に消費が移行していると考えられます。成熟期
のうちに移行先となる市場にドメインを移す準備をすることも考えられますが，
競合他社が離脱していく中で追加の投資をせずに利益を確保し続けられる可能
性もあるので，最小限のコストで事業を継続するという判断もできます。衰退
市場での安定した利益は，新市場参入や，競争の厳しい他のドメインの商品の
マーケティングコストの原資とすることができます。

演習
課題

課　題　(1)

　競争戦略のもとでなんらかのマーケティング・ミックスを行えば，それは競合に知られることになります。特許技術の使用や法的に地域独占が守られているといった参入障壁がない限り，競合は対抗したマーケティング活動を検討・実施します。これらの対抗戦略への対応も必要になってきます。

　例えば，競争の少ないニッチ市場を開拓することで，利益を独占していたのにマーケット・リーダーなどの強力な競合が進出してくることもあるでしょう。

　他社にはない競争軸を見出したり，魅力軸の性能を高める努力をして差別化を図っていた商品に対して，その差別化要因を打ち消す競合商品が登場したりすることもありえます。

　これらの対抗戦略にはどのように対応すればいいか考えてみてください。

課　題　(2)

　マーケット・リーダー独特の戦略として，チャレンジャーの差別化戦略を模倣する戦略と，市場の拡大との秩序維持があると説明しました。市場拡大は，市場の導入期・成長期ではリーダー企業以外にとっても検討すべき戦略です。

　自社商品のみを売る，つまり市場シェアを高める方策と，市場全体を拡大する方策の例をそれぞれあげて，両者の違いについて考えてみてください。

解答

課　題　(1)

　リーダーが市場全体に目配りするように，ニッチャーはニッチ市場全体に目を配る必要があります。あまりに高い収益や成長率を上げていると，次第にニッチ市場にも他社が参入し市場が急速に拡大します。それはリーダーの参入を招きかねない危険な状況となるので避けたいところです。こんなときニッチャーには，適正な利益水準を保ち，拡大のスピードをコントロールするという戦略が考えられます。急激に伸びている有望な市場であると悟られないように，静かに少しずつ市場を拡大するわけです。シェアを高く保ったままでニッチ市場が拡大した場合，リーダーにとっては参入が難しい市場となります。
　差別化戦略をとる場合は，模倣されにくい価値を構築したいところです。大きな資金力をもってしても模倣されないためには，リーダーの核心的な価値と反する方法を探すのもその一手です。例えば丁寧なサービスで高付加価値をつけているリーダーに対抗するために，簡素化した低価格のサービスを提供する方法です。リーダーは簡素化することによってブランド・イメージが崩れることを避けたいので，同様のサービスは展開しづらくなります。

課　題　(2)

　プロテインパウダーを販売するときに，他社より安い・栄養価が高いと訴求するのが自社のシェア拡大のための Promotion です。リーダー企業のとる市場拡大戦略とは，例えばプロテインを生活の中での取り入れ方，ダイエット・ボディメイクなど目的別に解説したサイトを立ち上げることや，プロテインについて研究する栄養学者の研究を支援して，広く公開してもらうことなどが考えられます。

第7講義
戦略的マーケティングの修正

ここを 学ぼう	戦略的な修正とは？

　何度か述べたように，戦略的マーケティングには適応の失敗が付きものです。失敗と修正を繰り返しながら，目的（顧客満足と利益の最大化）を達成していく道筋が戦略的マーケティングのプロセスなのです。そこで重要になるのが，失敗をいかに修正するのか，すなわち「試行錯誤」をいかに無駄なく効率的に行うかという問題です。本講義では，効率的な修正に不可欠な幾つかの重要な原則について説明します。

　はじめに，戦略的マーケティングの修正に関する注意点について説明し，次に修正のコスト（費用）とその管理，最後に効率的な修正のための具体的方法について紹介します。

標的市場への不適応が明らかになった場合，企業は標的市場を再設定し，その後，各マーケティング手段（製品，価格，流通，販売促進）の修正を行います。しかし，これらマーケティング手段のすべてに修正を加えるわけではありません。企業はコスト上の優位性を確保しつつ，再度の市場適応を行わなければなりません。そのためには，これら手段のすべてに対してではなく，適切なマーケティング手段を選び，その修正を行うことになります。製品を改良するか。価格を下げるか。流通を選び直すか。販売促進活動をどのように行うか。市場への再度の適応を達成するために，まずはどのマーケティング手段を修正すべきか検討しなければならないのです。

・企業が戦略的マーケティングに失敗した時
・製品・サービスが成熟期を迎えた時
　戦略的マーケティングの修正

図7-1　戦略的マーケティングの修正

第3講義「戦略的マーケティングの失敗」で述べたように，限られた時間と経営資源の中で，最適な解を求めて「試行錯誤」を行い，目的を達成しようとするのが戦略的マーケティングです。「試行錯誤」において，確実に収益を獲得し，顧客満足を達成して行くためには，効率的で無駄のない修正が不可欠となります。標的市場を再設定し，戦略的マーケティングを修正するためのキーポイントは次の2つです。

〈戦略的マーケティングの修正に関する注意点〉

①　「失敗の原因」と「失敗の結果」を見極めること

②　変更もしくは修正のためのコスト（費用）をしっかり管理すること

注意点①—「失敗の原因」と「失敗の結果」を見極めること—を見てみましょう。戦略的マーケティングの修正においては，適応失敗の「原因」とその失敗がもたらした「結果」とをしっかり区別しなければなりません。「戦略の修正」は，失敗の「原因」を探り出し，これを排除するために行われるのです。失敗の「結果」を"覆す（くつがえす）"あるいは"覆い（おおい）隠す"ためになされるわけではありません。しかしながら，失敗の「結果」が企業経営に緊急かつ重大な影響を及ぼす場合，多くの企業は，当然の事ながら，失敗の「結果」のみを早急に処理しようとします。しかし，中長期的な戦略的マーケティングの成功を考えた場合は，やはり対症療法ではなく，原因にメスを入れなければならないのです。

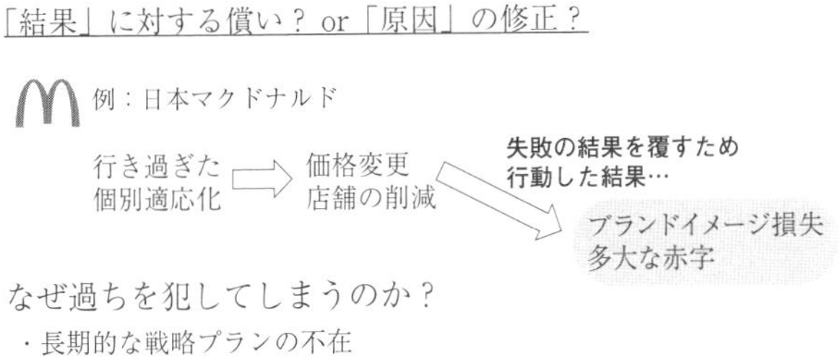

「結果」に対する償い？ or「原因」の修正？

Ⓜ　例：日本マクドナルド

行き過ぎた　　　　価格変更　　　　失敗の結果を覆すため
個別適応化　　　　店舗の削減　　　行動した結果…

ブランドイメージ損失
多大な赤字

なぜ過ちを犯してしまうのか？
・長期的な戦略プランの不在

図 7-2　失敗の「原因」と失敗の「結果」を見極める

次に，注意点②—変更もしくは修正のためのコスト（費用）をしっかり管理すること—は，変更・修正のコストについての問題です。マーケティング ROI に基づくマーケティングコスト（費用）の評価については，2-3 において既に説明しました。マーケティング ROI をしっかり見て行くことで，マーケティング費用の"費用対効果"を管理することができます。そして，収支をマイナス

にしてしまうような過剰なマーケティング投資を避けることができるようになります。修正の場合も，マーケティングROIの考え方を忘れてはなりません。マーケティングROIの考え方に基づき，どのように失敗を修正するためのコスト（費用）を管理するかについては，次の7-3において，詳しく説明します。

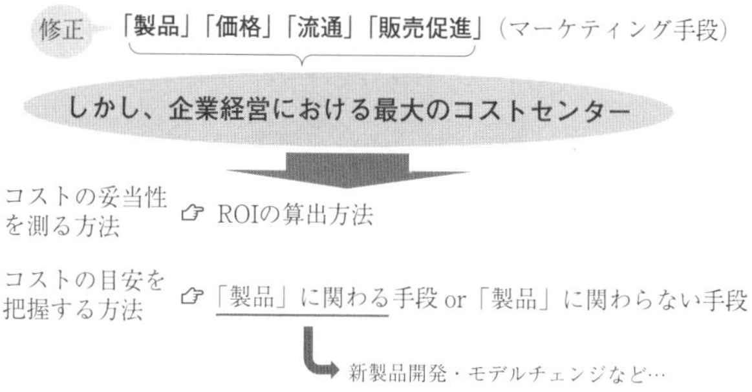

修正　「製品」「価格」「流通」「販売促進」（マーケティング手段）

しかし、企業経営における最大のコストセンター

コストの妥当性
を測る方法　☞ ROIの算出方法

コストの目安を
把握する方法　☞ 「製品」に関わる手段 or「製品」に関わらない手段

新製品開発・モデルチェンジなど…

図7-3　修正のためのコスト

もう一歩踏み込んで　―なぜ戦略の修正に失敗するのか―

　戦略的マーケティングには試行錯誤が付きものです。つまり，失敗を繰り返す度にいかに効率的に「修正」を行い得るかが，戦略的マーケティンの成否の分かれ目となるのです。従って「修正」においても，前章で見た"失敗への誤った対応"の問題はついて回ります。実際に，戦略的マーケティングに失敗した多くの企業が，前章で問題視したような「結果」に対する"償い"と「原因」の"修正"を取り違える過ちを犯しています。なぜ，このような間違いを犯すのでしょうか。筆者は，長期的な戦略プランの不在がその主たる要因ではないかと考えます。

　前章で既に見たように，「日本マクドナルド」は失敗の「結果」を償うために，販路（店舗）の削減を行いました。1995 年から 2003 年にかけての数年間に猫の目のように価格を変え，その失敗の代償として既存店舗を大幅に削減した結果，日本マクドナルドのブランド・イメージは大きく損なわれました。

　日本のマクドナルドの背後には，米国マクドナルド本社という巨大なステークホルダー（利害関係者）が存在しています。マイナス 71 億の赤字は，米国本社にとって看過できないものだったでしょう。日本マクドナルドには，早急に赤字を黒字に転換しなければならない理由があったのです。もし，日本マクドナルドが，客単価が下がり始めた 2000 年の時点で長期的な戦略プランを打ち立て，標的の設定をやり直し，マーケティング・ミックスの再構築を行っていたら，どのような結果になっていたでしょうか。ここまで大きな赤字を生まなくても済んだのかも知れません。

**演習
課題**

課　　題

　戦略的マーケティングの修正には，「標的市場（ターゲット市場）の再設定を伴う修正」と「標的市場の再設定を伴わない修正」があります。戦略的マーケティングの原則に則れば，前者の「標的市場（ターゲット市場）の再設定を伴う修正」の方が一般的なやり方です。本章おいても，<u>標的市場の再設定を前提とした修正の方法</u>について説明しています。

　では，戦略的マーケティングの評価（マーケティング ROI を用いて）の視点で見た場合，「標的市場の再設定を伴う修正」と「標的市場の再設定を伴わない修正」のどちらがよりリスキーな（危険な）やり方なのでしょうか。理由も含めて考えてみましょう。

　・標的市場の再設定を伴う修正

 不適合　修正 → 価格を下げる？　製品を改良する？
流通を選び直す？　**選択**　PR方法は？

　・標的市場の再設定を伴わない修正

 不適合　修正 → ・困難を伴う
・ターゲットフィットしない

図　戦略的マーケティングの修正

課　題

　まず「標的市場の再設定を伴う修正」から見て行きましょう。標的市場への不適応が明らかになった場合，企業は標的市場を再設定し，その後各マーケティング手段（「製品」「価格」「流通」「販売促進」）の修正を行います。ここで気をつけたいのは，これらマーケティング手段のすべてに修正を加えるわけではない点です。企業はコスト上の優位性を確保しつつ，再度の市場適応を行わなければなりません。そのためには，これら手段のすべてに対してではなく，修正すべき複数のマーケティング手段を選んで修正を加えることが必要となります。製品を改良するか。価格を下げるか。流通を選び直すか。販売促進活動をどのように行うか。市場への再適応を達成するために，どの手段を修正すべきか検討しなければならないのです。

　次に問題の「標的市場の再設定を伴わない修正」についてですが，実際には，この標的市場の変更を伴わない戦略的マーケティングの修正の方がリスキー（危険）なやり方なのです。これまでと何ら変わらない顧客層に対して，多くのコストをかけてマーケティング手段を修正しても，スムースなターゲットフィットにはなかなか結び付き難いのです。そして，このようなマーケティング手段に対する経営資源投資の"無駄打ち"は，確実にマーケティングROIを悪化させます。遠回りのようでも，一度標的市場を設定し直して，それから改めてマーケティング手段を修正する方がより効果的と言えるでしょう。

7-2　修正のための費用

　次に，修正のコスト（費用）について，もう少し考えましょう。戦略的マーケティングの修正には様々なやり方があります。しかし，いずれの方法も，マーケティング手段（「製品」「価格」「流通」「販売促進」）を組合せて用いる点では共通しています。これらマーケティング手段は企業経営にとって最大のコスト・センター（経営において，最も費用がかかる場所）ですから，戦略の「修正」をいかに効率的に成し得るかによって戦略的マーケティングの成否が決まってくるのです。

　では，戦略的マーケティングにおける「修正」のための費用の妥当性はどのように測られるべきでしょうか。シンプルな方法ですが，第2講義2-3で紹介したマーケティングROIを使って持って測るのが最も妥当であると言えます。

マーケティングROIを求める式

A＝マーケティング計画に沿った活動の結果，計画期間内に増加した利益
B＝マーケティング計画に沿った活動を実行するために，計画期間内に費やした費用
X＝ROI（%）

$$25(\%)<X(\%)=\frac{A-B}{B}\times100$$

図7-4　マーケティングROI

　すでに学びましたが，ROIを用いて"追加費用"の有効性を図る場合には，計測期間をきちんと定めておかなければなりません。企業がマーケティング戦略の修正を行う場合には，修正による市場再適応活動の期間をしっかりとプランニングしておくことが大事です。

　次に，修正の各パターンについて，かかるコスト（費用）の大小を確認して

おきたいと思います。まず，最もコストがかかるのが「製品」を手段として用いるやり方です。「製品」に何らかの変更を加えることにより，結果的にマーケティング・ミックス全体の調整を行わねばならず，大きな費用が発生してしまいます。これに比べて，比較的費用がかからないのが，「製品」を手段として用いないやり方です。この場合，マーケティング手段としての「製品」は用いませんが，「販売促進（プロモーション）」は利用します。より競争優位性が高い修正方法が，この「販売促進（プロモーション）」という方法なのです。

原理的には，製品，価格，流通（販路），販売促進（プロモーション活動）のどの手段を使うことも可能…しかし

・「価格」を用いた修正は利益を直接圧迫するだけでなく，製品のブランド・イメージに何らかの損害を与えるリスクがある
・「流通」を用いた修正は市場適応に際して他の各手段と密接に結びついているので，手段として用いることが難しい

「プロモーション」（CM，宣伝等）を用いた修正が最もコスト上の優位性が高い

図7-5　コスト（費用）面から見た戦略的マーケティングの修正

演習
課題

課　　題

　修正コストを把握する際の大まかな目安が,「製品」をマーケティング手段として用いるか否かです。もともと, 企業活動の中で最も費用がかかるのがマーケティングですが, その中でも特に支出が大きいのが, 新製品開発・製品改良・モデルチェンジ・ブランド改変などの「製品」に係るマーケティング手段だからです。逆に, いっさい「製品」に手を加えずに, 戦略の修正を行うことができれば, ROI を低く抑えることが可能となり, 競争優位性は大きく高まるのは, 本章で見た通りです。

　では, どうして「製品」を手段として用いる修正は, マーケティング全体のコスト増につながってしまうのでしょうか。考えてみましょう。

「製品以外の手段」を用いた修正 ＜「製品」を用いた修正

〈「販売促進」（プロモーション）を利用するパターン〉

・コストが抑えられる
・競争優位性が高い

図　修正のためのマーケティング手段〜コストの大小〜

課　題

　本書の第1講で説明したように，4つのマーケティング手段は，「組合せ」（Mix）として用いられます。企業はこの「組合せ」を標的市場に適応させることにより，顧客満足の達成を図ります。そのためには，このマーケティング手段の組合せを標的市場に適合させるターゲット・フィットの他に，4つのマーケティング手段（個々の要素）を相互に調和させること（これをミックス・フィットと言いました）を考えなければなりません。この相互に深く関連しているマーケティング手段の組合せの中心に位置しているのが，「製品」というマーケティング手段です。

　ですから，新製品開発，製品改良，モデルチェンジ，ブランド改変，パッケージの変更と言った「製品」の構成要素に手を加える場合は，それらが他のマーケティング手段に及ぼす影響をしっかり分析する必要があります。製品要素に修正が加えられれば，それは，販路（販売ルート），価格，広告（メディアや広告表現）にも大きな変化をもたらします。結果として，戦略的マーケティングの全体的なコストは上昇することになります。

7-3　修正の具体的方法

　戦略的マーケティングの修正は，新たな標的市場を選択し，それに合わせて，マーケティング手段を変化させることにより行います。修正には「製品」「価格」「流通 (販路)」「販売促進」のどの手段を使うことも可能です。しかし，すでに見たように，「価格」を用いた修正は利益を直接的に圧迫する恐れがあります。そこで，ここでは (1)「製品」に加え，(2)「プロモーション (広告・宣伝)」を用いた修正について説明します。はじめに，「製品」を用いた修正の代表的なものが，「計画的陳腐化」戦略です。

「計画的陳腐化」—Product Obsolescence Policy —

→製品に変更を加え，現行の製品を文字通り計画的に陳腐化し，
　意図的に買い替え需要を生み出すための製品戦略

→デザインの改良や付随的な機能の改良から，
　革新的な技術の変更に至るまで様々なレベル
　が存在

図 7-6　製品を用いた修正戦略

　「計画的陳腐化」とは，製品に修正を加えることにより，現行の製品を文字通り "計画的に" 陳腐化させようとする製品戦略です。これには，単なるデザインの改変や付随的な機能の改良から，核心的な技術 (製品に内蔵されているコア技術) の変更に至るまで，様々なレベルが存在しています。従来，「計画的陳腐化」は，プロダクト・ライフ・サイクル (PLC) における単なる製品寿命延命策であると考えられてきました。しかし，ここでは，標的市場の再設定 (拡大や変更) を伴う戦略的マーケティングの修正ととらえることにします。

　戦略的マーケティングの修正において，最も優位性が高い (効率が良い) 方法が，「プロモーション」を用いた修正です。ROI を悪化させずに市場への再適

応を行うためには、「プロモーション」を用いて新たな標的市場にマーケティング手段をフィットさせることが望まれます。しかし「プロモーション」による戦略の修正には遵守すべき原則があり、これを無視すると、かえってマーケティング投資効率を悪化させかねない結果を招きます。「プロモーション」を用いた修正の原則は、以下の通りです。

〈「プロモーション」による戦略的マーケティング修正の原則〉
① Target が明確であること
② Positioning が明確であること
③ Concept が明確であること

T（ターゲット）とは、文字通り、マーケティング手段の組合せ（マーケティング・ミックス）を適応させるべき標的市場の事です。

P（ポジショニング）とは、製品の標的市場内における"位置付け"のことです。新たな標的市場が設定されたとしても、多くの場合、その標的市場内には、競合製品が存在しています。それら競合製品と自社の製品がどう違うのか。いわば、差別性の源泉を明らかにしておく必要があります。

C（コンセプト）とは、製品を顧客にどう伝えるのか、その"売り文句"のことです。ターゲット（標的市場）をしっかり認識し、ポジショニング（標的内位置）

遵守すべき原則

製品の…
　①Target（T）が明確であること
　②Positioning（P）が明確であること
　③Concept（C）が明確であること

→3つが守られてはじめてプロモーションによる修正は
　効果的なものになる

図7-7　プロモーションを用いた修正戦略

を明らかにした上でなければ，コンセプトは顧客に伝わりません。

　これら3つがしっかり定まって，はじめて「プロモーション」による戦略的マーケティング修正は実効的なものになるのです。

もう一歩踏み込んで　—プロモーションによる修正オロナミンC—

　大塚製薬の「オロナミンCドリンク」は，1965年の発売から今日に至るまで，45年以上の長きにわたり販売され続けているベストセラー製品です。この製品の興味深い点は，45年の間，製品そのものは，原材料，味，品質，量，どれを取っても変わらなかったことです。これは，コストのかかる「製品」のモデルチェンジではなく，「プロモーション」による戦略的マーケティングの修正が製品の競争優位性を高めた結果であると考えられます。1970年代〜1990年代にかけて，この製品のターゲット（T）は，"中高年の勤労者"と言われる人たちでした。ポジショニング（P）は"手軽な非医薬系の栄養ドリンク"です。コンセプト（C）は"疲労回復"です。つまり製品の背景には，仕事に孤軍奮闘していた高度経済成長期における勤労者の姿があったのです。

　しかし，1990年代も後半に入り，市場が成熟してくると，大塚製薬はマーケティングの方向転換を模索し始めます。成熟期における「オロナミンCドリンク」のT，P，Cは，次の通りです。まず大塚製薬は，Target（標的市場）に"若年層"を加えました。学生，若年層ビジネスマンといった消費者を顧客として取り込もうと考えたのです。Positioning（ポジショニング）は，"スポーツ系炭酸飲料"です。そして，Concept（コンセプト）については，"疲労回復"に加えて，"リフレッシュ"を重要視しました。仕事に疲れた体に栄養を補給することよりも，スポーツや仕事の後の"リフレッシュ"の提供がこの製品の使命になりました。

　「オロナミンCドリンク」は市場の変化に合わせて，T，P，Cを設定し直した上で，プロモーションのみを用いた効率的な修正戦略を行う事により，今日まで長きに渡る成功を収めたのでした。

**演習
課題**

課　題

　前節「もう一歩踏み込んで」では，市場成熟期において「プロモーション」を用いて戦略的マーケティングの修正を行った“オロナミン C”の事例を紹介しました。さらに，“オロナミン C”のプロモーションによる戦略修正において，ターゲット（T），ポジショニング（P），コンセプト（C）がどう変化して行ったかについて明らかにしました。

　“オロナミン C”と同様に，市場の成熟期において「プロモーション」による修正に成功した商品に，読者の皆さんが良く知る“カップヌードル”があります。
　では，競争が激化する成熟期において，“カップヌードル”はターゲット（T），ポジショニング（P），コンセプト（C）をどのように変化させたのでしょうか。考えてみてください。

課　題

　日清食品株式会社が，「カップヌードル」を発売したのは 1971 年です。発売当初から成長期にかけてのポジショニングは，"簡単に食べられるスナック"というものでした。この時期の「カップヌードル」の T，P，C は，次の通りです。

〈「カップヌードル」における成長期の T，P，C〉

① Target（標的市場）：軽い食べ物を欲している人
② Positioning（ポジショニング）：簡単に食べられるスナック
③ Concept（コンセプト）：忙しく活動的な人に軽い食べ物を提供する

　さて，カップ麺市場は 1990 年代から成熟化して行きました。成熟期に入ると，日清食品は，プロモーション手段（テレビ CM）を用いた戦略的マーケティングの修正に着手します。キーワードは"空腹"です。1993 年に国際 CM フェスティバルでグランプリを受賞した「カップヌードル」の CM のメッセージは，ただ一言，「hungry?」（お腹空いた？）でした。「カップヌードル」のポジショニングは，"簡単に食べられるスナック"から，"空腹を満たす一食分の食事"へと変わったのです。1990 年代以降，成熟期の T，P，C は，次の通りです。オロナミン C と同様に，ロングセラーとしてのカップヌードルの持続的な成功を支えたのは，プロモーションを用いた効率的な戦略的マーケティングの修正だったのです。

〈「カップヌードル」における成熟期の T，P，C〉

① Target（標的市場）　：　空腹なすべての人（マス市場の中で）
② Positioning（ポジショニング・製品の差別性）　：　一食分の食事
③ Concept（コンセプト）　：　空腹を満たす食事の提供

第8講義
製品戦略—製品の統合化と適応化—

ここを学ぼう｜製品やサービスの市場適応とは？

　「統合化」と「適応化」については，すでに第2講義「市場適応の考え方」において取り上げました。ここでは，もう一歩進めて，製品（あるいはサービス）の市場における「統合化」と「適応化」をどう実践すべきかについて考えてみたいと思います。複数の標的市場が存在する場合において，それらに対して共通の製品（あるいはサービス）でアプローチするのが良いか，それともそれぞれの標的市場に対して，別々の製品でアプローチするのが良いのかという問題です。

　これまで見てきたように，4つのマーケティング手段の中で最も費用がかかるのが製品ですから，製品の市場適応をいかに効率的に実践できるか否かが戦略的マーケティングの成否を分けると言っても過言ではないでしょう。

　製品の市場適応においても，効率的な適応とコスト上のメリットを考えるなら，やはり「統合化」戦略が有効です。しかし，ここにおいても「統合化」を進めるための条件を忘れてはなりません。製品の「統合化」にふさわしい市場とはどういう市場なのか，しっかりと考えなければなりません。また，複数ある標的の一つひとつに様々な多様な製品をフィットさせて行く「適応化」に基づく製品戦略についても合わせて見て行きたいと思います。

8-1 統合化に基づく製品戦略

すでに第2講義において述べたように，「統合化」(Standardization：スタンダーディゼーション) とは，限定的なマーケティング手段を用いて複数の標的市場にアプローチしようとする考え方です。単一の製品で複数の標的市場に適応することができれば，マーケティング・コストをセーブすることが可能になります。

単一の製品を用いて複数の標的市場にアプローチする考え方

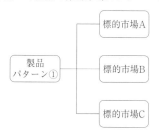

図 8-1 「統合化」に基づく製品戦略

製品 (もしくはサービス) における「統合化」を効果的に進めるためには，できる限り市場が"フラット化"している必要があります。"フラット化"とは，各標的市場の個性に際だった差異がないことです。標的市場を構成する様々な要素が，各標的市場間において同質的であるということです。市場細分化 (セグメンテーション：Segmentation) のための基準を思い出してください。細分化基準には，居住地，居住地の気候，人口，人口密度，性別，年齢，所得，職業といった2次データとしての市場構成要素と，ライフスタイル，性格，購買量，購買頻度，広告への反応度，価格への反応度，商品へのロイヤルティ (忠誠度) といった1次データとしての市場構成要素があります。各標的市場間において，これら要素の定量・定性的な違いができるだけ少ない方が，製品の「統合化」

図 8-2　「統合化」に基づく製品戦略の優位性

はやりやすいのです。

　第２講義で述べたように，経営戦略家のマイケル・ポーターは「統合化」に基づくマーケティングを強く支持しており，製品戦略においてもやはり「統合化」の優位性を認めています。情報メディアや情報端末の発達により，世界ではグローバル化が進み，各市場はますますフラット化してくる。だからこそ，「統合化」に基づく製品戦略が有効であるとポーターは説いています。しかし，ポーターは実際に製品戦略として「統合化」を採用すべきか否かは，標的とする市場の特質によるとしています。例えば，ポーターは，"新しい製品情報に対して旺盛な好奇心を抱いている"顧客層に対しては，「統合化」に基づく製品戦略が有効であると主張しています。ポーターは，製品戦略において「統合化」が進めやすい市場のタイプとして，図 8-3 の３つをあげています。

　「高度の業務用顧客層」とは産業財もしくは中間財市場の事です。この市場は消費財と異なり，製品差異は「機能」「品質」「価格」に集中しています。ニーズや嗜好といった消費者の"感情的"あるいは"人間的"要素は，標的市場の構成要素には成り得ません。当然，「機能」や「価格」に特化した製品の「統合化」が行いやすくなります。

　上層市場とは，富裕層市場の事です。グローバルな市場を見渡してみると，国家イデオロギーや宗教上の違いは別として，各地域における富裕層市場は，そこにおける消費態度や消費行動がきわめて似通っていることがわかります。

　情報交換が活発な顧客層とは，多くの主要顧客層が情報への好奇心や情報獲

消費生活上の差異が少ない顧客層
or
差異を打ち消すべく消費情報の積極的交換をする顧客層

■高度の業務用顧客層
■上層顧客層
■グローバルレベルでの情報交換が活発な顧客層

図 8-3 「統合化に基づく製品戦略」が行いやすい市場

得のためのリテラシー能力を備えている市場と言うことができます。これらの
要素を備えた標的市場は，製品の「統合化」がしやすい市場と言って良いでし
ょう。

さらに，ポーターは，製品やサービスの「統合化」を成功させるためには，
「製品」手段のみならず，「流通（販路）」「プロモーション」といった他のマー
ケティング手段の活用を再検討し，いずれかの手段を用いて（手段を組合せて）
製品戦略を"支援"する必要があると言っています。これついては，次の 8-2
（155 ページ）で見て行きたいと思います。

もう一歩踏み込んで　―アップルにおける製品の統合化―

　「統合化」に基づく「製品戦略」が行いやすい"高感度市場"について，さらに考えてみましょう。"高感度市場"において「統合化」ベースの製品戦略を成功させた企業として，「アップル」(Apple Inc.) を取り上げたいと思います。ご存知のように，「アップル」の製品カテゴリーはきわめて限定的です。パーソナルコンピュータの「マッキントッシュ」(Macintosh：いわゆるマック)，携帯音楽プレーヤーの iPod，携帯電話の iPhone，タブレット型携帯端末の iPad，スマートウォッチの Apple Watch と，主として 5 つの製品カテゴリーでグローバルな事業展開を行っています。「アップル」は，過去においても，現在も，戦略的マーケティングの方向性として「統合化」を採用し，限られた手段で非常に効率的な市場適応を行っているのです。

　こうしたアップルの製品戦略が成功した理由に，このブランド特有の"文化的・歴史的背景"があることは否めません。「マッキントッシュ」が市場に投入された 1980 年当初から，このパソコンのユーザーは，新しいもの好きで流行に敏感な人々でした。そもそも，1980 年の時点においてパソコンの個人ユーザーになる消費者は，新しいものを積極的に自分の生活に取り入れようとする"個人生活の改革者"(イノベーター) だったのです。「マッキントッシュ」自体もそうした先進的な消費者のニーズに応えるべく，使い勝手を重視した設計思想のもと，ワンボタンマウスなど単純で明快なインターフェースを備えていました。こうした「文化的・歴史的背景」を"プラスの資産"として機能させることにより，アップルはその「統合化戦略」をますます洗練させ，グローバルレベルでの顧客満足と巨額の収益を両立させるナンバー企業へと変貌を遂げたのです。

**演習
課題**

課　題 (1)

　海外市場に日本独自の食品を輸出・販売するケースを考えてみましょう。スマートフォンを使いこなして，頻繁に海外の情報を摂取している若年層や大都市に居住する収入の高い専門職従事者に，日本独自の食品を売り込む場合，どのようなアプローチが考えられるでしょうか。

課　題 (2)

　上記，課題 (1) とは反対に，海外の大衆的な市場に日本の食品を売込む場合，どのようなアプローチが適切と考えられますか。

**写真　インドネシアの首都　ジャカ
　　　ルタのうどん店**
出所）筆者撮影

課　題　(1)

　　製品やサービスの「統合化」が可能となる市場は，戦略的マーケティングの考え方に従えば，主要顧客層が「情報への好奇心」や「情報獲得のためのリテラシー能力」を備えている市場です。また多くの場合，こうした顧客層と上層市場（富裕層市場）の顧客層は重なっている場合が多いのです。海外の都市部に居住する専門職従事者やインターネットが生活の中にある様な若年層消費者は，多くの海外の食文化についての情報を日常的に収集し，あるいは頻繁に海外旅行に出かけるチャンスも多いことでしょう。

　　こうした消費者には，間違いなく，「統合化」アプローチが適切と考えられます。従って，日本の食材や食品，あるいはメニューを現地嗜好に合わせるのではなく，日本スタイルの製品やメニューをそのまま提供するのが良いと考えられます。

課　題　(2)

　　上層市場とは反対に，戦略的マーケティングにおける市場適応の原則に沿えば，大衆層市場（マス市場）へのアプローチには，「適応化」戦略がふさわしいと考えられます。こうした市場には伝統的な嗜好や長い歴史を持つローカルの食文化が根強く生き続けており，多くの場合，日常生活の重要な一部と化しています。こうした消費者には，日本の食材や食品，あるいはメニューをそのまま提供するのではなく，可能な限り現地嗜好に合わせて改変する必要があるのです。

8-2　統合化を行うためのサポート戦略　―統合化の支援戦略―

　製品やサービスの「統合化」に成功すれば，企業は市場における競争優位性を獲得できます。しかしながら，複数の「高感度市場」や「上層市場」を標的市場として選択し，さらにそれら複数の標的市場の間に多くの共通点を見出したとしても，一部の顧客層のみを狙った戦略である以上，「統合化」には不適応のリスクが常につきまといます。仮に，不適応が発生してしまった場合，当然のことながら，それは競合製品や競合ブランドの参入を意味します。

　競合製品の参入から市場を守るためには，製品やサービスの「統合化」を行いつつも，不適応が発生しないように，他のマーケティング手段［製品（製品に含まれるサブ要素＝製品サブミックス），価格，流通，プロモーション］を用いた「統合化」の"支援"を行う必要があるのです。そして，様々な手段による"支援"を行うためには，どのマーケティング手段やマーケティング要素をどのように活用するのかについて，再検討を行う必要があります。通常は，「製品」「流通」「プロモーション（広告等）」の３つの中から最も効率的な手段やサブ要素を選んで，「統合化」の"支援"を行います。ここでは，①製品による「統合化」戦略のサポート，②流通による「統合化」戦略のサポートについて説明します。

〈「統合化」のサポート戦略〉
① 　製品改良による「統合化」のサポート
② 　流通戦略による「統合化」のサポート
③ 　プロモーション（広告等）による「統合化」のサポート

　はじめに，①の「製品」（製品に含まれるサブ要素を含む）による「統合化」支援について見てみましょう。このやり方としては，製品そのものの"改良"が

あげられます。マクドナルドはかつての「適応化」から「統合化」へと大きく
舵を切り，マーケティング・コストの削減化を図っています。しかしながら，
グローバルな規模で全面的なブランド「統合化」を行うのではなく，文化的な
特殊性が強い地域の標的市場においては，製品改良によるブランド「統合化」
の支援を行っています。インドのマクドナルド店舗では，ビッグ・マックなら
ぬ“マハラジャ・マック”が販売されています。現地の文化と嗜好に適応させ
たこの商品の正体は，ビッグ・マックを“改良”した羊肉バーガーです。

　②の流通による「統合化」支援の事例としては，やはり「アップル」があげ
られるでしょう。アップルは，マイクロソフトとは異なり，直営店舗アップル・
ストア（Apple Store）に力を入れています。アップルは，自社製品を，音楽や
映像を手軽に楽しめる“ガジェット”（gadget：道具）と位置づけ，製品の「統
合化」を行っています。4種類のアップル製品を使いこなし，いつでもどこで
もシームレスに音楽や映像が楽しめること。その楽しさを“非Macユーザー”
にも広く知らしめようとするのが，直営店舗アップル・ストアの役割なのです。

演習
課題

課　題

　スターバックス・コーヒー・ジャパンは，2018 年より新プロジェクト「スターバックス　ジャパン　ワンダー　プロジェクト（STARBUCKS JAPAN WONDER PROJECT）」を始めました。スターバックスの基本的な適応戦略は製品とサービスの「統合化」です。しかし，その一方で，スターバックス・ジャパンは，日本と言うローカル市場にブランドを根付かせるための様々な取り組みを行っています。同社は，STARBUCKS JAPAN WONDER PROJECT の下，日本の地域ブランドである加賀のほうじ茶を製品に加えたり，抹茶やさくらをイメージした商品開発を行ったりしています。

　こうしたスターバックスの取り組みを本文中の「統合化」の支援という視点から説明してください。

　　写真　インスタグラム　JAPAN WANDER PROJECT
　　　　　のページより

> **課　題**
>
> 　本文中で見た様に，競合商品や競合サービスの参入から市場を守るためには，製品やサービスの「統合化」を行いつつも，他のマーケティング手段を用いた「統合化」の"支援"を行う必要があります。課題で紹介したスターバックス・ジャパンの例は，パッケージ，ブランド，味と言った製品要素（製品のサブ要素）を用いた「統合化」の支援と見なすことができます。
>
> 　日本の市場は欧米の企業から見た場合，文化的な特殊性が強い市場です。日本は独自の食文化を持ち，また多くの日本の消費者は自国の食文化に誇りと強い愛着を抱いています。
> 　スターバックスの戦略的マーケティングの基本が「統合化」アプローチであることは恐らく今後も変わりませんが，同社は日本の食文化を取り入れた様々な商品改良を行うことにより，「統合化」を根付かせるための支援を行っていると考えられるのです。

8-3 適応化に基づく製品戦略

　次に，製品（サービス）の「適応化」について，米国の著名なグローバル戦略研究者であるパンカジ・ゲマワット（Pankaj Ghemawat）の製品戦略に関する考え方を見て行きたいと思います。ゲマワットは製品の「適応化」戦略こそが，標的市場の顧客満足と企業利益を最大化する理論であると主張しています。市場をセグメント化し，製品の「統合化」を行い，部分的な不適応については他のマーケティング手段で調整するポーターの方法とはほぼ真逆の考え方を採用しているのです。

　　標的市場の数だけ製品を準備し，複数の標的市場に個別の
　　製品パターンをそれぞれ適応させようとする考え方

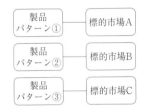

図 8-4 「適応化」に基づく製品戦略

　しかし，ゲマワットの製品戦略に対する考え方は，"純粋の"「適応化」戦略ではなく，むしろ，「統合化」と「適応化」をうまく組み合わせた製品戦略と見なすことができるのです。

　そもそも，ゲマワットの理論は，ポーターとは異なり，今後いかに情報社会が進展し，経済がグローバル化したとしても，地域市場における文化的な差異が存在し続ける限り，決して市場は"フラット化"（平準化）しないという考え方から出発しています。このような，他との共通部分と独自部分が入り混じったような市場を，ゲマワットは，「セミ・グローバル市場」と呼んでいます。

ある部分（文化的に）では同質的であるが，他の部分では異質であり，それらがまだら模様のように入り組んでいるのが，今日の一般的な市場と考えているのです。

　従来の研究者は，このような市場に対しては，"画一的な戦略"を"大規模に"展開することにより対応すべきであると説明してきたのです。いわば，多

（2人の経営戦略家）
パンカジ・ゲマワットとポーターの相違

> **ポーターの考え**（グローバル市場＝フラット化論者）
> →グローバル市場はフラット化しているため，戦略性のある統合化によるアプローチが有効

> **ゲマワットの考え方**（グローバル市場＝非フラット化論者）
> ・社会基層としての文化的・社会的差異が存在する限り，市場はフラット化しない
> ・地域市場は，常にフラットな部分とフラットではない部分を有している

図8-5　M.E. ポーターと P. ゲマワット（市場に対する考え方の違い）

ゲマワットの考える「セミ・グローバル市場」とは

グローバル市場を市場の差異によりいくつかの
大きな地域グループ市場に分割

それぞれの大きな地域グループ市場に対して事業レベルでの
「個別適応化アプローチ」

地域グループ市場の内部においては
「統合化アプローチ」

　そのために
　・「生産拠点の集約」→複数の国を市場単位とすることによる
　　規模の経済性のコストカット
　・「製品を含めたマーケティングの修正」

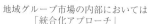
マーケティング資源（ヒト・モノ・カネ）の再分配が不可欠

図8-6　ゲマワットが考えるゼミグローバル市場とは？

大な費用をかけた大規模な（世界規模の）「統合化」を行う事により対応してきたのです。

　しかしながら，ゲマワットの「統合化」の考え方は違います。例えば，グローバル市場においては，市場を文化的差異により幾つかのグループに分割し，国別の「適応化」を行う一方，その国の国内市場においては製品の「統合化」を行うというやり方です。そのためには，生産拠点の集約，製品以外の他のマーケティング手段による支援といった考え方が重要になります。ゲマワットは，グローバルマーケティングにおけるこうした戦略を「セミ・グローバル戦略」と呼んでいます。

もう一歩踏み込んで　—グローバル市場における統合化と適応化—

　ポーターは新しい情報を収集することに熱心な顧客層や情報リテラシー能力が高い顧客層に対しては，「統合化」に基づく製品戦略が有効であると説きました。しかし，市場全体の規模が大き過ぎる場合や，市場基層としての文化的差異が大き過ぎる場合には，各市場に"情報感度の高い"同質の顧客層が必ず存在しているとは限りません。市場全体規模が大きく，各市場の文化的差異が大きい市場の代表例として，加工食品市場があげられます。加工食品市場は，ローコストのボリュームマーケットが中心の大衆的な市場でもあります。例えば，そうした場合に採り得る戦略に，本文8-3で説明した「セミ・グローバル戦略」があります。「適応化」の"変容形"と言っても良い戦略です。あるいは「統合化」と「適応化」の組合せと言っても良い戦略です。

　しかしながら，筆者が見るところ，こうした「セミ・グローバル市場」や「セミ・グローバル戦略」の考え方に対しても，やはり異をとなえる人々が大勢います。このような人々を何と呼ぶべきでしょうか。"グローバリゼーション信奉者"でしょうか。彼らの多くは，インターネットの発達と情報端末の普及に注目しています。コミュニケーション技術が文化を平準化させ，市場をもフラット化させると考えているのです。だからと言って，彼らの考えるように，すぐに「統合化」に基づく製品戦略がグローバルなすべての市場に通用するかといえば，そういうことにもならないでしょう。本文8-1 (155ページ) で見たように，市場フラット論者のポーターでさえ，製品の「統合化」には一定の前提条件を付与しているのです。

**演習
課題**

課　題

　東南アジアの新興国ベトナムにおいて市場適応に成功した企業にインスタント麺の"エースコック"があります。次に紹介するエースコックのベトナムにおける成功例を，本文で紹介したゲマワットの「セミグローバル戦略」（適応化と統合化のミックス戦略）および「統合化の支援」といった言葉を使って説明してください。

　〈エースコックベトナムは 1993 年に設立されました。現在のベトナムにおける同社の即席麺の販売実績は年間 26 億食，ベトナム国内に 6 工場を有し，4,300 名の現地スタッフを抱えるまでに成長しました。同社のベトナムにおける事業の特徴は，現地の食文化に徹底的に順応させたことです。ベトナムを代表する伝統的大衆食である米の麺「フォー」を"定番商品"として開発することにより，限定的な商品ラインによる現地ニーズへの徹底的な適応を図ったのです。

　エースコックの成功のもう一つの理由は，独自流通網の構築にありました。エースコック社がベトナムに進出した当時，適応のボトルネックになったのが全国的流通網の構築の問題でした。全国的な卸売業が存在しないベトナムにおいて，ベトナム全土に商品を流通させるのは至難の業だったのです。そこで，エースコックは，ベトナム全土の小規模販売店へ直接営業を始めました。こうした販路開拓のための地道な努力の結果，ベトナム全土 600 以上の小規模小売店の店頭に，定番商品が置かれるようになりました。同社の製品は，ベトナムの大衆市場への参入に成功したのです。〉

課　　題

　エースコックベトナムは，大衆層市場が中心のベトナムの食品市場に対して，「適応化」戦略に基づくアプローチを行いました。しかし，それと同時に，現地の食文化に徹底的に順応させた商品（米の麺“フォー”の即席麺）を開発し，これを現地マス市場向けの「定番商品」（もしくは基本商品）として販売することにより，現地向け商品のベトナム国内市場における「統合化」を図ったのです。

　これは，ゲマワットの言う「セミグローバル市場」向けの「統合化と適応化のミックス戦略」と見なすことができるでしょう。

　また，エースコック社はこの独自の適応方法を成功させるため，独自の全国的な流通網（小売店・販売店への直売ルート）を大変な努力の末に構築しました。これは，戦略的マーケティングの適応戦略の原則の一つである「流通」による統合化の“支援”と見なすことができるのです。

第9講義
ブランド戦略

ここを学ぼう	ブランドの意味と形成

　ブランドという言葉からは，革製品や腕時計などの高価格品やそのメーカーを連想しがちですが，価格と関係なくブランドは存在します。また，ブランドは商品のように実体のあるものばかりではなく，消費者の心の中にある印象のような目に見えないものも含まれる概念です。

　とらえどころがないようですが，戦略的マーケティングにおいて大変重要な概念であり，その意味と同時に，どのように形成されるかもしっかり理解しなければなりません。

　ブランドについての理解は，ビジネスにおける最重要知識の一つであり，マーケティング以外の部署でも必須の知識です。しかしながら「ブランド品」という言葉では極端に単純化され，研究者の議論は複雑すぎてわかりにくくなっています。本書では，できるだけ単純化してブランドの考え方を解説したいと思います。

　ブランドは識別記号と消費者の知覚価値で構成されます。

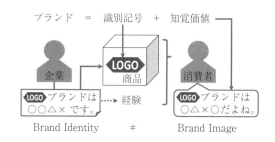

図9-1　ブランドは消費者の心のなかに作られる

　識別記号は他の商品との見分けができる目印のこと。名前やマークにとどまらず，コンビニエンスストアの看板の色の組み合わせ，家電量販店の音楽などもあげられます。目印が付けられる対象（ブランド化できる対象）は商品・商品群（LEXUS），サービス（Google），店舗，企業（組織），素材（ヒートテック），人（宮崎駿）など多くのものが考えられますが，以下では商品を例に説明をします。

　識別記号によって他の商品と区別されるブランドは，いわゆる高級品である必要はありません。うまい棒もガリガリ君も，他のスナックやアイスキャンディーではなく，指名買いをさせる力を持った強力なブランドです。

　消費者は商品を購入・使用し，あるいは店頭やCMで目にし，人から話を聞く中でその商品に特有の印象・価値観を持つようになります。これがブランド・

イメージと呼ばれ，これこそがブランドの中心部分です。中心が消費者の心の中にあるのですから，企業はブランドを直接・完璧にコントロールすることはできません。そこで少しでも望む通りのイメージを持ってもらえるように，マーケティング・ミックスを構成していくことになります。図4-7の図を再掲します。

4P（図では3P＋C）がブランドによって包まれています。図の上側は企業がこのマーケティング・ミックスを設計する基本の狙い＝ブランド価値をこう感じて欲しいという設計で，ブランド・アイデンティティと呼ばれます。

ブランド・アイデンティティの構成要素として図9-2の4要素があります。

ブランドビジョンはそのブランドが持つ思いです。公式HPに書かれていたりしますが，「元気ハツラツ（オロナミンC）」「お，ねだん以上。（ニトリ）」のような商品・店舗のキャッチコピーで想像できることもあります。

図9-2　ブランド・アイデンティティ

シンボル・デザインは識別記号を規定するもの，製品デザインには，製品（シリーズ）の外見的デザインだけではなく，機能・特徴・品質基準なども含みます。

ブランドビジョンを２つのデザインで表現することで，誰に，どんな思いを持ってもらいたいかをまとめたものが，ターゲットと経験です。これが Place, Price, Communication 設計の指針となります。ここでいう経験は実際の消費者の経験ではなく，企業が消費者に提供したいと考える経験です。

　全社や取引先に共有される，これらの設計（ブランド・アイデンティティ）に沿ってマーケティング・ミックスが計画され，消費者に向けて展開されます。

　企業との接点以外にも様々な情報・経験に触れた消費者は，ブランドの中心であるブランド・イメージ（図の下側）を作ります。ブランド・イメージのほうが大きく表現されている理由は，企業が提供していない経験などを通じ消費者の持つブランド・イメージがぼやけ，ブランド・アイデンティティより拡大したものになるからです。

　ブランド・イメージ，識別記号，さらに商標権などを含めた全体をブランド資産価値＝ブランド・エクイティと呼びます。ブランド戦略とはブランド・エクイティを高めること，ブランド力を強くすることに他なりません。強いブランドには多くの機能・効果があります。

表9-1　ブランドの機能と効果

機能	主な効果	副次的効果
識別機能	価格プレミアム	プロモーションの効率化
保証機能	選択率向上	顧客ロイヤリティ向上 優秀な社員の採用
想起機能	リピート率向上	株価向上

　識別機能とは他のブランドと別のものであることが明確になるということです。これを悪用するのがいわゆる偽ブランドです。ブランド力を維持するためには粗悪なコピー品に対抗する方法も検討しなければなりません。

　保証機能とは，そのブランドが持つ一定の品質に対する安心感を与えること

です。他の製品と遜色のない品質と認識されれば，一定の選択率を獲得でき，他のブランドより優れていると認識されれば，さらに選択率が高まり識別機能と合わせて価格プレミアム効果が発生します。「あのブランドであれば，いくらか高くても買う」という心理が働いたときの，「いくらか」の部分が価格プレミアムです。世界スマートフォン市場における iPhone の台数シェアは13％ですが，売上シェアは40％（利益シェアは75％）となっており（2021年第2四半期），他より高価であっても iPhone を選んでいる消費者がいることがわかります。

　想起機能とは，商品カテゴリを聞いてそのブランドのことを思い出せるかどうかです。ピザが食べたいときに，多くの人はピザ店を比較せず，最初に思いつた名前，例えばドミノを検索します。想起・保証の両機能で購買率が向上します。

もう一歩踏み込んで ―アイディアについてのブランド―

ブランドの対象は商品・企業にとどまりません。飛騨高山（地名），太宰治が愛した……（人名）のほか，アイディアや仕組みもブランドになります。

例えばユニセフが認定する世界遺産があります。ブランド名を組み合わせてより強力なものにすることをコ・ブランディングといいますが，多くの土地や建物が世界遺産ブランドを冠することで集客を図っています。トクホ（特定保健用食品）もコ・ブランディングに使われる力のあるブランドです。

人名についてはスーパーで売っている「信太正次さんの育てたレタス」などの野菜が思い浮かびます。人名ブランドのようにも見えますが，信太さんが目白さんに代わっていても，選択率は変わらないように思われます。名前を明示して提供しているのだから自信作なのだろうという保証機能はあるのですが，想起機能や識別機能が弱い点でブランドとしては不完全です。

本書執筆の時点で，最も力の強いブランドの一つが，SDGs です。

世界遺産と異なり商品や企業の品質を保証するものではないにもかかわらず，企業イメージを高めるために，多くの企業が自社の WEB サイトで SDGs への取り組みを表明しています。このような企業の行動により，様々な接点でSDGs のロゴに触れた市民も，（全員ではないにしても）その意味を学び，自らの生活にも取り入れていくことが，国連の戦略なのでしょう。企業などがサイトで SDGs 関連ロゴを使用する際の方法について厳密に定めることで識別機能を高め，各国政府による広報を通じて想起機能を高めているのは，国連の高いブランド戦略構築能力を表しているといえます。

課　題　(1)

　強力なブランドの例として東京ディズニー・リゾート（TDR）を検討します。
　2つのテーマパークとホテル・商業施設で構成されるこのエリアは，親ブランドであるディズニーが持つ保証機能とともに，ディズニー映画が生み出してきた多くのキャラクターが持つ躍動感もブランド・イメージに付け加えられる魅力的な施設群です。
　シンボル・デザインとしては TDR のロゴの一部である Disney のロゴが強力な力を持っていますが，ユーザーは様々なキャラクターやシンデレラ城のような建物を思い浮かべるかもしれません。それぞれの体験によって幅広いブランド・イメージを作りだすことに成功している TDR ですが，このブランドを提供するにあたってオリエンタルランド社が設定しているブランド・アイデンティティとはどんなものか，図 9-2 のシンボル・デザイン以外の要素を考えてください。

課　題　(2)

　消費者が持つブランド・イメージは企業が想定したブランド・アイデンティティのとおりにはならず，さまざまな方向に大きく広がります。
　必ずしもいい方に広がるわけではなく，残念ながら悪い方向に広がることのほうが多いかもしれません。どんなときに，このような違い（悪い方への広がり）が生まれるのか，テーマパークを例にとって考えてください。

課　題　(1)

* 以下は，オリエンタル社のサイトにあるキーワードを元に筆者が分析したものです。

図　パーク運営の基本理念

株式会社オリエンタルランド　http://www.olc.co.jp/ja/tdr/
profile/tdl/philosophy.html より筆者分析

課　題　(2)

　テーマパークが，どんなに楽しい経験を提供しても，たった一人のキャスト（来訪者に接するスタッフ）の無愛想な対応が大事な思い出をすべて塗りつぶしてしまうことが起こります。TDR ではそのような経験をしたことはありませんが，他の施設では残念ながら，ときに経験することです。ブランド・アイデンティティをすべての関係者に周知させる必要がここにあります。

　また，価格の著しい低下，購入の不便さ，サービス窓口の対応の悪さなど，品質に直接に関係ない要因も，ブランド・イメージを低下させることがあります。

9-2 ブランディング

　企業が持つブランドを管理し，ブランド・エクイティを高めていくことがブランド戦略＝ブランディングです。ブランド戦略は他の多くの戦略に影響を与えるもので，数ある企業の戦略の中でも最上位にあるべきものです。前項で書いたとおりブランドの対象は商品からアイディアまで広範なものに及び，企業は，自社が持つ，多くのブランドを統一感の感じられるように管理する必要があります。

　ブランド戦略策定プロセスは次のようにまとめることができます。

図 9-3　ブランド創造の戦略策定プロセス

　戦略の作業目的は 1) ブランド創造，2) 育成・管理，3) 統廃合の3つがあります。統廃合では残すブランドのビジョンを点検して，自社資源の確認・再配置をします。育成・管理はブランド・エクイティの確認・修正が中心なので，図9-3はブランド創造の場合のプロセスを表しています。

　目的設定プロセスの中心は，ブランドビジョンの設定です。経営者の思いや，高付加価値化・販売量の増加といった財務的なアイディアが盛り込まれます。自社資源の確認より先にビジョンを設定することで，自社がまだ成し遂げていない挑戦的なブランドを設定できます。とはいえ，あまりに実体とかけ離れて

いては顧客への約束（ブランドビジョンは顧客への約束でもあります）を守れなくなってしまうので，自社資源の確認をすることでバランスを調整するのです。

　ブランドビジョンは，商品コンセプト，コピー，事業理念等で表現するのが一般的ですが，ここではブランド・パーソナリティの設定という方法を紹介します。

　Soup Stock Tokyo では店舗開発をする際に，どのような店舗かイメージするために「秋野つゆ」という店舗を擬人化した仮想の人物を作り上げました。このようにブランドの人格を設定するのがブランド・パーソナリティの考え方です。

【基本情報】

・秋野つゆ　・37歳　・女性　・都内在住　・独身か共働きで経済的に余裕がある　・都心で働くバリバリのキャリアウーマン

【特徴】

・社交的な性格　・自分の時間を大切にする　・シンプルでセンスの良いものを追求する　・個性的でこだわりがある　・装飾より機能を好む　・フォアグラよりレバ焼きを頼む　・プールに行ったらいきなりクロールから始める

（「Soup Stock Tokyo の「秋野つゆ」の成功事例からみるペルソナ設定について」定期購入 EC 通信　https://whattoeatbook.com/persona-3/）

　顔やセリフが思い浮かびそうな，実にイキイキとした人物像が描かれています。多くの WEB サイトではペルソナ設定の例としてあげられており，ペルソナの記述方法としても参考になるのですが，同社の関係者は，これをペルソナではないとしており，ブランド・パーソナリティと考えるのが妥当です。

　ブランドビジョンとしてパーソナリティを設定した場合は，この「人」の雰囲気に合わせてデザインを行います。マクドナルドの店内や活動を見ると，キャラクターであるドナルド・マクドナルド（アメリカでは Ronald McDonald）を強く感じますので，彼もブランド・パーソナリティと言えるでしょう。

　デザインプロセスにはターゲット設定からマーケティング・ミックスまでの
ステップがあります。商品の外見等のデザインはマーケティング・ミックスの
プロセスで行いますが，その前に顧客体験をデザインします。ブランド・イメ
ージが作られるすべての接点の中で，企業が管理することができる範囲をでき
るだけ広げて同様の経験をしてもらうのが顧客体験デザインの考え方です。ま
ず，次の公式を頭に入れてください。

　ブランド力＝体験の魅力度×体験量×一貫性

　私達は購入を検討する前から，商品・企業と触れ合っています。それぞれの
接点でいいイメージを（体験の魅力度）できるだけ多く持ってもらい（体験量），
それらが統一感のあるものであるとき（一貫性）に，好ましいブランド・イメ
ージ＝強いブランド力が形成されていくのです。一貫性のない体験はブランド・
イメージにブレを生じさせ，体験量が多いほど逆にブランド力が弱まる結果に
なります。顧客体験デザインで最も重要な点は一貫性と言えるでしょう。

　顧客体験デザインを考えるツールの一つがカスタマージャーニーマップとい
う考え方です。店頭や広告ではじめて商品を目にするときから，購入・使用・
廃棄までの時間の流れ（購売行動段階）を顧客の旅（カスタマージャーニー）に見
立て，旅の途中で立ち寄るスポット（商品との接点）での快適な体験を考えるフ
レームワークです。カスタマージャーニーマップの詳細については，演習問題
では，設定が必要な電気製品を例にとって解説しています。商品によって接点
がちがうので，他の商品であれば，演習問題のフレームとは内容が異なるもの
になります。

もう一歩踏み込んで ―こだわりって大事？―

　日本のブランドには，「こだわりの」という言葉がよくつけられます。製法，素材等への注意深さや努力，変えない姿勢が品質を確保し，それがブランド力につながるという図式なのでしょう。テレビのグルメ番組のレポーターが，必ずと言っていいほど，「こちらのお店のこだわりは何でしょう」と店主に質問するのを見ると，こだわりが必須条件のような息苦しさを感じます。

　しかし，「こだわり」には注意をしたいものです。顧客に合わせるのがマーケティングの本質ですが，「こだわり」は，たいがい自社中心，マーケティング・ミックスやブランド・アイデンティティについて語られる言葉です。現時点で自社が保有する技術，素材，製法を大事にするという姿勢であって，絶えず変化する可能性のある顧客の嗜好を考慮するものではありません。そのこだわりをいつまでも顧客が選んでくれるとは限りません。カルビーのポテトチップス「うすしお味」は 1975 の発売以来，2019 年までに味やパッケージを 14 回も変えているそうです。およそ 3 年に 1 度の計算になります。

　顧客のニーズに応えた価値を作り続けていくことが，マーケティングの真髄です。大事にして変えない部分も時代に合わせて変化させる部分も，顧客起点で考えるようにしたいものです。

　『こだわりバカ』(川上徹夜著　角川新書)という安易に常套句を使う風潮に警鐘を鳴らしている本があります。著者はコピーライターで，主にことばについて書かれた本ですが，マーケティング全般についての示唆が得られる本です。ぜひ，読まれることをお勧めします。

演習課題

課　題

　カスタマージャーニーマップ作成の演習です。フレームの１列目に購買までの段階を，２列目に各段階で消費者が抱く感情（行動）を記入します。

　この感情は顧客インサイト（本音）と呼ばれ，深層のニーズを発見する手がかりとなります。可能なら，アンケートやインタビューによってインサイトを収集したいところです。インサイトから隠れたニーズを発見することで，今までなかった商品・市場を開拓できる可能性があります。

　３列目にはインサイトに対応する顧客体験の中で，自社が提供可能でブランド力を高めることができそうなアイディアを記入します。インサイトは不安や不満となることが多いですが，単にそれを解消するのみならず，喜びや驚きを感じられる体験（期待以上の体験）を提供することが理想です。できるだけ多くのアイディアを出して，適切なものを選択します。

　次のフレームを使って，iPad あるいは Amazon fire を購入するときの顧客体験について考えてみてください。顧客インサイトは話し言葉で書くのがコツです。１列目は記入しておきました。

段階	顧客インサイト	顧客体験
接触〜検討		
購入		
開封〜設定		
使用〜廃棄		
拡散〜共有		
サポート		

課　題

iPad について考えてみました。

段階	顧客インサイト	顧客体験
接触～検討	私にできるかな 何ができるのかな	ストアでの実機操作 WEB での機能紹介
購入	ストアはどこにあるの	自社サイト・店舗以外での幅広い販売
開封～設定	箱開けるのドキドキ 設定難しいかな	シンプルでおしゃれなパッケージ 設定サポート
使用～廃棄	捨てるときはどうしたらいいの	下取り 宅配リサイクル
拡散～共有	写真とか共有できるの	iCloud が利用可能
サポート	わからないときはどうしよう	パーソナルセッションや Today at Apple

　　iPad のカスタマージャーニーを考えると，とても上手く設計されていることがわかり，Apple ブランドの強力さがうなずけます。顧客体験にあげたものは筆者のアイディアではなく，すべて実際に行われていることばかりです。Apple ストアが販売より体験が中心の拠点としてデザインされていることがその象徴と言えるでしょう。

　　Amazon Fire は購入時のオプションで面倒な設定などを済まして出荷してくれるのが特徴的です。

　　あげられた顧客体験は，魅力的か，差別化ポイントがあるか，実現可能性があるかなどを検討して選択されます。もちろん，体験全体の統一感も重要です。

9-3 　ブランドとターゲティング・ポジショニング

　望ましいブランド・イメージを持ってもらえるように顧客体験を設計し提供
する活動をブランディングといいます。コトラーとケラーは，「ブランディン
グとは，製品やサービスにブランドの力を授けることであり，ひとえに差異を
つくるプロセスといってよい。〜　中略　〜ブランド間における意味のある違
いを消費者に納得させなければならない」と言っています。（「コトラー＆ケラー
のマーケティング・マネジメント第12版」フィリップ・コトラー，ケビン・レーン・
ケラー丸善出版）ここでの「消費者」は一般的な消費者全体を指している可能
性もありますが，マーケティング効率を考慮すれば，ターゲット層中心に考え
ることが重要になります。

　ブランドの中心的な部分は消費者の心の中にあるブランド・イメージです。
同じ体験をしても人により感じ方は異なります。まして年齢や職業・嗜好とい
った属性（セグメント）が異なれば，体験から得られるイメージの差は，より大
きなものとなります。理解度やニーズの異なるすべてのセグメントに「意味の
ある違い」を正しく理解してもらうためには，セグメントごとに異なる体験を
設計・提供する必要が出てくるかもしれません。しかし，そうすれば莫大なコ
ストがかかる可能性がある上に，別のセグメント向けに用意した体験に触れて
しまった人にとっては，体験の一貫性を書くことになり，ブランド力が弱まっ
てしまう危険性もあるのです。STPのポジショニングと同じように，ブランド・
イメージもターゲット層からの見え方を検討することになるのです。

　STP分析におけるターゲットは商品を購入して欲しい消費者が所属するセ
グメントであったことをおさらいした上で，ブランド戦略でのターゲット設定
を考えていきましょう。

　ブランド戦略においては，STP分析で設定される購入して欲しいセグメン

ト以外に，ブランド・アイデンティティを体現しているかのようなセグメント
もターゲットとすることがあります。次の図で 2 つのターゲットとブランドの
関係を示しました。

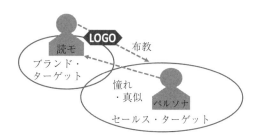

図 9-4　ブランドの 2 つのターゲット

　STP で言うターゲットは図の中のセールス・ターゲットです。セールス・
ターゲットが憧れるような存在がブランド・ターゲットとなります。セールス・
ターゲットには架空のペルソナを設定しますが，ブランド・ターゲットについ
ては，セグメントを象徴するような実在の人物を設定して協力者として活用す
ることも検討できます。

　例えばギャルファッションを考えてみます。セールス・ターゲットとしては
全国の 10 代・20 代女子となりますが，ブランド・ターゲットは渋谷で生活し
ている最先端女子となり，象徴的人物として読者モデル出身の TV タレントを
選ぶことが可能です。セールス・ターゲット層が憧れ，彼女が身につけている
ものを自分も着てみたいと思うような人物です。企業はこの TV タレントに無
償で私服を提供したり，場合によっては金銭的な報酬も提供して使用を依頼し
たりします。実際に気に入って勧めてもらえれば（布教活動？）ありがたいこと
ですし，そうでなくても着用してもらえるだけで充分な見返りが得られること
になります。インフルエンサー・マーケティングと言ってもよいでしょう。象
徴的人物がデザインを監修したファッションアイテムなどは，そのことだけで
PR 効果が高まるので，よりブランド力が高まります。

　映画のエンドロールに，延々と並んでいるストーリーに関係のない企業の一部は，このような趣旨で商品提供をしているのです。

　実用的な商品についても，この構図は成り立ちます。京都の有名割烹の料理人が使っている包丁，世界的ソムリエが使っているソムリエナイフ，サミット会議の際に世界の首脳に提供されたディナーコースなどがあげられます。

　また，実際にその商品を利用しなくても，ブランド・ターゲット層が利用しそうだというブランド感を出せれば，それだけでこの図式は成り立ちます。外資系のエグゼクティブが使っていそうなバッグ，美魔女が通っていそうなサロン，大好きなビジュアル系バンドがしそうなメイクなどが思い浮かぶでしょう。

　2つのターゲットセグメントは重なる部分もありながら，離れた位置にあります。ブランド・アイデンティティをブランド・ターゲットに向けて尖らせたものにしながら，購入のチャネルはセールス・ターゲットに向けて確保していくことが，この2つのターゲットを用いたブランド戦略のポイントになります。

　今の私は憧れの人と離れた位置にいるけれど，この商品を身につければ，近いポジションに見てもらえる。こう思わせることができれば，この戦略は成功です。

もう一歩踏み込んで　―ブランディングの変形―

　すべてのブランドにターゲットが2つ必要なわけではありません。様々なブランディングの方法を見てみましょう。

　風邪薬などはブランド・ターゲットを真似したいという気持ちが起きないので，効き目・安全性を中心としたブランディングをセールス・ターゲットに向けてのみ行えば充分です。サプリメントの広告などでは体験者として，憧れの対象ではない，どこにでもいる人（実際は俳優かもしれませんが）が登場することによって，自分にも効くのではないかと期待することになります。

　TOPVALU（イオン），セブンプレミアム（セブン＆アイ）などには，独自のロゴを冠したプライベートブランド（PB）商品があります。小売側がメーカーに生産を委託し，店舗の持つブランド力を商品に乗せて販売するという仕組みです。小売側にとっては，PB商品の品揃えによる差別化・大量の購入契約による仕入れコスト削減や供給の安定化のメリット，製造するメーカーにはPB商品生産を受託することで安定した売上が見込めるメリットがあります。消費者は小売業者のイメージとかさねることで，一定の品質が保証されているというブランド・イメージを持つことができます。

　第6講義の差別化戦略で述べたように，フォロワーには模倣戦略があります。ブランド名は模倣できませんが，他のブランドと同様の機能と同等の品質をアピールする非差別化戦略と言ってもいいでしょう。

**演習
課題**

> **課　　題**
>
> 　実際の商品を例に，ブランディングの演習をしてみることにします。
> 　スターバックス，Apple Watch，クレラップ，玉川太福（浪曲師）のどれか
> 一つを選び，2つのターゲットを考えてください。実際に行われているマーケ
> ティング・ミックスを調べることが参考になるかもしれません。オリジナル
> のマーケティング・ミックスも考えてみると良いでしょう。
>
> 　玉川太福さんについては，解説が必要でしょう。おそらくその世界では若
> 手である玉川太福は放送作家・お笑い芸人などの経歴を経て，浪曲の世界に
> 飛び込みました。着物，演台，三味線などの伝統的な浪曲の手法を残したまま，
> 現代，身近にいそうな人が登場する新作の演目などに積極的に取り組んでい
> ます。このような商品ができるまでのストーリーは，ブランディングに使え
> る貴重な要素です。グッチやエルメスなど誕生の歴史を巧みに取り入れてい
> るブランドもあります。
>
> 　なお，「もっと踏み込んで」に書いたように，すべての商品カテゴリで，ブ
> ランド・ターゲットを設定する必要はありません。セールス・ターゲットの
> みで充分なものもあります。さらに，非差別化戦略を取る場合にはブランディ
> ングは不要となる場合がありますし，第5講義で説明したようにターゲティ
> ングさえ不必要な商品ジャンルもあります。
> 　設問の4つの選択肢の中に，このような例も潜んでいるかもしれません。
> もしそれを選んでしまったら，他の選択肢について検討を加えてください。

課　　題

　スターバックス店内では，一時ノートパソコンを持っていないと負けのような雰囲気さえありました。同社が期待したかどうかに関わらず，ノマドワーカーと呼ばれるようなオフィス外で仕事をするクリエイティブ（自称？）な20〜30代男性がブランド・ターゲットになってしまったようです。セールス・ターゲットは静かに美味しいドリンクを飲みたい大人と想定できます。コーヒーを美味しく楽しむためのセミナーなどを展開しています。

　Apple Watch は早くから身体測定系の機能を充実させ，知的で体にも気を使う層にアピールしました。ニュースにも進出した東山紀之さんがブランド・ターゲット側の象徴的人物になりそうです。セールス面ではアップルユーザーの裾野を超えて，ターゲットを設定することで iPhone の売上にもいい影響が出そうです。スポーツイベントの協賛やジムでの展開などが面白そうです。

　クレラップにはブランド・ターゲットは必要ないでしょう。TVCM などのメディアに露出することで，ブランドの3つの機能を効果的に高めています。

　玉川太福さんのプロモーションでは，浪曲の敷居を下げることが重要でしょう。寄席に行ったことのない層を取り込むために，「和」に親しみたい30代男女をセールス・ターゲットにし，ブランド・ターゲットである利酒師，茶道家といった日本文化のプロとの対談を，Youtube のような現代的なメディアで発信するのもいいでしょう。和に通じるプロが同じ時代を生きているという親しみやすさが，ブランド力強化と客層の拡大につながると思われます。

第10講義
戦略的な価格設定

ここを 学ぼう	**価格の考え方**

　マーケティング・ミックスの要素の中で，価格のみが収益に直接的な影響を及ぼします。他の要素も，その変更によって売上が変動するなど間接的には収益に影響しますが，直接的に影響するのはコストです。

　マーケティング・ミックスの修正を検討するときに，変更にかかるコスト（値札の書換等）が一番小さい価格は安易に修正候補になりがちですが，ダイレクトに収益に影響を与える価格の変更（や設定）にあたっては，慎重に様々な要素を検討する必要があります。

価格は自社の戦略に沿って決定されます。とはいえ，周囲の環境をまったく無視して価格設定をするのは現実的ではなく，顧客の需要・競合の価格・自社の収益の3つの視点から選択可能な一定の範囲＝価格帯があります。

はじめに顧客の需要と価格の関係について考えます。一般に価格が下がれば需要は伸びる（安くなれば売れる）と考えられています。

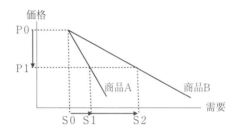

図 10-1　価格弾力性

グラフで表されている商品Aと商品Bの価格が変化したときに需要がどのように変化するかの線を需要曲線といいます。ここではAとBは違うカテゴリの商品だと思ってください。

価格がP0からP1に変化することで，それぞれの商品の需要はS0からS1，S2に変化しました。P0-P1分の値下げにより買いやすくなったため，S1-S0あるいはS2-S0分売上が増えることが読みとれます。価格の変化に対して商品Bのほうが大きく需要が伸びています。(S2-S0>S1-S0，グラフが水平に近い) この場合，商品Bは商品Aに比べて価格弾力性が高いといいます。

特定の商品の需要曲線が事前にわかっていることはあまりないので，過去の類似商品の販売データや商品の特性などから大まかな反応（価格弾力性）を推定することになります。例えば，スーパーで特売の目玉になることが多い，トイ

レットペーパー・洗剤などは保存性がきくうえに，必ず消費することがわかっている商品なので価格弾力性が高くなります。反対にランドセルやスマホは安いからといって必要以上に多めに買うことは少ないでしょうから，価格弾力性が低い商品と言えます。

　価格弾力性が高い商品は，価格を下げた結果売上を増やせる可能性が高くなります。ただし，品質に不安を持つレベルの低価格では売れなくなることも考えられます。一方，価格弾力性の低い商品は値下げしても販売数はそれほど増加しないため，低価格戦略を取るのは得策ではありません。

　ネットで販売される商品は価格が比較されることが多く，競合の価格もまた価格帯の決定要因となります。家電量販店などでは，WEB などで他店の価格が確認できた場合は，それ以下に値下げする仕組みにしているところもあります。しかし消費者にとって，すべての商品が価格比較の対象ではないこと，また価格以外に消費者が感じる価値もあることについても理解が必要です。例えば，割高にも関わらずネットスーパーに注文する一部の消費者にとっては，価格より配達サービスが重要なことを示しています。チラシを比較して安い刺し身を売っているスーパーを選んだ消費者でも，つまの材料として買う大根や，たまたま切らしていたわさびについてまで，価格を比べて他の店に足を運ぶことはしないかもしれません。このときは，刺し身の値段に比べて少額なので，次の店に行く手間を省く価値のほうが上回っていると考えられます。

　次に価格帯を決定する上で重要な原価の構成について，検討しましょう。
　コストは直接費-間接費，変動費-固定費の２つの軸によって分けられます。
　直接費は仕入代，加工費，販売手数料など商品や販売に直接関係するもの，間接費とは本社家賃などのように販売と直接の関係がないものです。変動費とは売上や製造の数量にほぼ比例して変動するもので，ある程度一定して必要なコストが固定費となります。直接-間接，変動-固定の組み合わせで，コストは

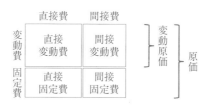

図 10-2　原価の構成

図10-2のように，4つに区分されます。

　価格を設定する商品1単位ごとにかかるコストが明らかなのは仕入代金や材料費・加工費などの直接変動費なので，他のコストは企業毎にルールを作って商品に割り当て（配賦と言います）ます。間接費であれば，工場の電気代を生産時間にかかる時間によって，営業所の人件費を売上額や販売にかかる時間によって配賦することが考えられます。固定費は事業部ごとの人数や売上・粗利益（売上から変動費を引いたもの）の割合で配賦するといった方法が考えられます。価格は，4種類のコストの合計を上回る額とするのが基本です。

　以上の3つの要素を踏まえると価格帯は次の図のように考えることができます。図のDの範囲が，一般に考えられる価格帯です。

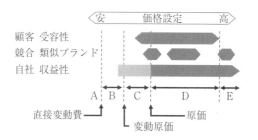

図 10-3　価格設定の 3 つの視点

　一番上の帯が，顧客が妥当と判断する価格帯です。顧客が「この範囲の価格なら買ってもいい」と考えるゾーンを外れる価格では，買ってもらえません。

このゾーンを受容価格帯と呼ぶことにしましょう。

　図の中で競合の価格帯はいくつかに別れています。価格での競争力を考える際には，戦略的に最も脅威である競合の価格を意識することが重要です。

　変動原価（直接変動費と間接変動費の合計）は 1 単位ごとにかかるコストですから，価格がこれを下回ると（A と B），売れば売るほど損になることになります。しかし変動費の他に販売から得る利益で固定費を賄うことができなければ（C）企業全体として赤字になるので，その分も上乗せした価格の設定（D か E）が，コスト面が要求する価格帯です。

　これらの価格帯を念頭に置いた価格設定の方法については次節で検討します。

商品によって変化する需要曲線の形を見てみましょう。

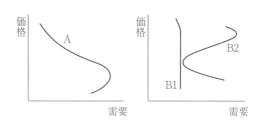

図 10-4 様々な需要曲線

　先の図では右下がりの直線として需要曲線を描きましたが，実際には曲線状になります。あまりに低価格で品質に不安を覚えられてしまうと売れなくなってしまうことを表現したものが A の曲線です。多くの日用品はこのような形状になると思われます。

　家庭用の水道水なら B1 のようになるでしょう。極端に高くなれば節水をして消費量は減るでしょうが，一定以下の価格であれば，安いからといって消費量が増えることはなく，価格弾力性がきわめて低い商品と言えるでしょう。

　高級ブランド時計などは B2 のような曲線が考えられます。見栄のためにブランド時計を買うセグメントにとっては高いほど需要が高まるため，中間の領域では一般の価格曲線とは逆に右上がりの曲線となります。しかし，限度を超えた高さでは需要は減退し，一定の値段より下がった場合には，高所得者のセグメントが離れ，一般的な時計としての需要が高まるため，価格の上下端では右下がりの曲線となります。

**演習
課題**

課　題

価格設定の 3 つの視点のバランスについて検討しましょう。
図 10-3 を再掲します。

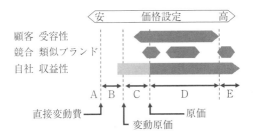

　競合, 類似ブランドの右端を見てください。あきらかに顧客の受容価格帯
を超えた価格の競合が表示されています。これは実際にあり得ると思いますか。
あり得るとすれば, どのような場合か考えてください。
　また, 図にはありませんが, 同じように受容価格帯未満の競合についても
考えてください。
　競合の価格によって, 自社の設定する価格やマーケティング・ミックスが
影響を受けます。受容価格帯以上や未満の競合の価格設定には, どのように
対応するするべきかも考えてください。

課　題

　ここで表されている競合商品は「この値段では買わない」はずの価格帯なのに販売されている（もしかしたら売れている）ことになります。

　このようなことが起こる理由として考えられる１つ目の例は売り手と買い手の情報格差です。近くに競合店がなく，ネットで買えば安く買えたり配達してもらえたりするといった情報を持たない場合や，残念なことですがそれが妥当な価格であると騙されているような場合です。

　２つ目は先に上げた買物時間や手間の節約といったような価格以外の価値がある場合です。アフターサービス・購入方法の利便性や，一緒に購入する商品の価格，この店・この人から買いたい（あるいは買わなければならない）といった心理的動機など様々なものがあります。第９講義で説明したブランド力による価格プレミアムもここに含まれます。図10-3では類似ブランドとしていますが，このような価値があることで，購入者にとっては類似ではない特別な商品となっているわけです。このような競合に対しては，価格で対抗するのではなく，同様の価値の付加を検討することも考えられる戦略です。

　その他特殊な例として，売る気がないことも考えられます。極端に高価格な商品を並べて，隣の商品を安く感じさせる意図や，供給量の少ない商品を陳列して店の格の高さを演出する意図が考えられます。また違法ですが常に高い定価と大幅な値引きを併記する二重価格表示などでも，表面上の定価が高くなります。

　受容価格帯未満で売られるのは，閉店や商品入れ替えのための在庫処分等の場合でしょう。安すぎれば商品に不安を持つのが普通なので，この価格帯で売る場合には理由を明示する必要があります。また，このような競合がいても短期的なキャンペーンだと想定される場合には，対抗するのは得策ではありません。

10-2 様々な価格設定

　価格設定の方法を解説する前に，価格の設定が利益に影響する大きさについ
て見ていきましょう。まず，売上・利益の計算について確認します。

　　売上高＝販売単価×販売数

100円の商品1つあたり15円の変動費のとき，変動費率が15％と言います。

　　変動費率＝変動費／売上高　＝　商品あたりの変動費／販売単価
　　利益＝売上高－　　変動費　　　－固定費
　　　　＝売上高－売上高×変動費率－固定費
　　　　＝売上高×（1－変動費率）－固定費

　赤字にならない最低の売上をBEP（Break Even Point 損益分岐点）といいます。
上の式の売上高に0を代入し，変形するとBEPが求められます。BEPを超え
る売上で利益が出ます。

　　利益0＝売上×（1－変動費率）－固定費
　　BEP　＝固定費／（1－変動費率）

　販売価格100の商品Aが200売れたとします。変動費率を15％，固定費を
5,000としてBEPを計算してみましょう。

　　売上＝200×100＝20,000
　　利益＝20,000×（1－0.15）－5,000＝12,000
　　BEP＝5,000/（1－0.15）≒5882 となります。

　この商品の価格変更がどのように利益に影響するかシミュレーションをして
みましょう。先程の計算結果は商品A・価格100の枠の内容です。

表 10-1　価格変更シミュレーション

	商品A			商品B		
販売数	変動費率	15%		変動費率	70%	
200	固定費	5,000		固定費	5,000	
価格	変動費率	15%		変動費率	70%	
100	利益	12,000		利益	1,000	
	BEP	5,882（59）		BEP	16,667（167）	
価格	変動費率	17%		変動費率	78%	
90	利益	10,300	−14.2%	利益	400	−60.0%
	BEP	6,000（67）	+2.0%（+13.6）	BEP	22,500（250）	+35.0%（+49.7）
価格	変動費率	14%		変動費率	64%	
110	利益	13,700	+14.2%	利益	1,600	+60.0%
	BEP	5,789（53）	−1.6%（−10.2）	BEP	13,750（125）	−17.5%（−25.1）

　商品 A, 価格 100 の場合に BEP の 5,882 を売り上げるためには, 59 の販売数が必要となります（100×59＝5,900）。括弧内はその個数です。販売価格を 90 に値下げした場合, 10％の価格低下によって利益は 14.2％低下し, BEP 売上は 2％上昇しています。1 個あたりの利益が少なくなったために 5,882 売ればよかったものが 6,000 売る必要が出てきたわけです。単価が下がったため, 必要販売個数はさらに増え, 59 個から 67 個へと 13％以上増えています。単価の減少率より BEP での販売数量が大きく変化することに注目してください。

　個人経営のマッサージ店やコーヒー専門店は販売価格に対して原材料費は低いので変動費率 15％とした商品 A に近いでしょう。変動費率 70％の商品 B は仕入代金がそれほど安くはない小売業のイメージです。価格が 10％下がっただけなのに, 5 割近く多い数量を販売する必要があることがわかります。

　このように, 変動費の高い業種においてはわずかな値下げが大きなインパクトを与えることになります。価格設定の重要性は, ここにあります。

　最下段には値上げをした場合の試算も書いてあります。商品 B, 価格 90 の一番右（＋49.7）と価格 110 の同じ列（−25.1）を比較してください。BEP 程度の販売をしていた商品の 10％値下げすれば 5 割近く販売数を増やす必要があり 10％値上げでは 25％減っても利益が維持できるということを表しています。

売上点数ばかりではなく，利益の意識が重要です。

　価格設定の前提として，自社が薄利多売型なのか・高付加価値型なのかを明確にしておく必要があります。特に低価格設定が，自社の他ブランドや企業イメージを損ねないように注意する必要があります。また，市場の成長率・競争が激しさ・競争地位なども重要です。成長市場では低価格にしなくてもシェアが確保できる可能性がありますし，リーダー企業は価格競争を主導するべきではありません。さらに，重視するポイント別に次のような価格設定方法があります。

表 10-2　主要な価格設定方法

コストを重視	合計価格を重視
マークアップ法	バンドリング価格
EDLP戦略	ロスリーダー価格
⇔ ハイロー・プライシング	サブスクリプション
ダイナミック・プライシング	キャプティブ価格

PLCを重視	競争を重視
市場浸透価格戦略	競合価格参照
上層吸収価格戦略	

コスト重視の価格設定

• マークアップ法

　小売業などで一般的な方法で，単価に占める固定費・間接費・想定利益の率を合計したものを値入率（マークアップ）として事前に決定し，仕入原価×（1+値入率）を売価に設定するもの。商品ジャンルごとに値入率を個別に設定したり，率ではなく値入額を一律で加算したりする方法もあります。

　システム作成や建築などのプロジェクト型商品は仕入額ではなく，見積もった総コストに利益相当分を上乗せするためコストプラス法と呼ばれます。

- EDLP 戦略, ハイロー・プライシング

バーゲンなどの値引きを頻繁に行い, 価格を上げ下げするのがハイロー・プライシングです。値下げ時の価格を消費者が覚えてしまう (内部参照価格) と, 払ってもいいと思える価格 (値ごろ感) が低めになってしまうリスクがあります。これを避けるために, 常に利益の取れる範囲内の低価格で売るのが EDLP (Everyday Low Price) 戦略です。EDLP では, 価格の付替を始めとする特売に関するプロモーション費用を抑えることが可能となります。

- ダイナミック・プライシング

飛行機の座席のように, 利用時期や購入から利用までの期間によって価格を変化させるもの。大きな固定費を回収するために需要を分散させる必要がある (少人数での運航は損になる) ときなどに採用されるコスト視点からの価格設定です。AI 等による需要予測の精度向上を受け, 適用される範囲が拡大するものと見られています。

合計価格重視の価格設定

- バンドリング

セット売りのこと。利幅の大きい商品と小さい商品をうまく組み合わせられれば, 企業側の利益確保と顧客のお得感が両立できます。同一商品の数量割引では 1 商品あたりの販売コストが削減できます。

- ロスリーダー価格

店頭の特売商品のようなイメージです。単品で見ればハイロー・プライシングになりますが, 来店を促すことで, 利益の取れる他の商品を購入してもらうことを目論みます。

- サブスクリプション

音楽・動画配信サービスのような, 定額・継続支払いの価格設定です。コス

トの掛かる新規顧客の獲得ではなく，既存顧客を維持することで，プロモーション費用の節約や，累計の売上合計増加と収入の安定を見込みます。

• キャプティブ価格

キャプティブとはおとりのこと。髭剃りのように，本体価格を安く設定し（おとり），替刃で利益を確保，合計額でビジネスを成り立たせる戦略です。

PLC プロダクト・ライフ・サイクル重視の価格設定

• 市場浸透価格戦略

市場導入期に，他社が参入しづらいような大胆な低価格で一気にシェア確保を目指す戦略。大量生産によりコストが抑えられたり，製造経験の積み重ねでさらなるコスト削減が図れたりする商品では，後発企業よりも早く低コスト体質になることができ，低価格でも利益の確保が見込めます。

• 上澄吸収価格戦略

前の戦略と逆に市場導入期に高価格で販売して利益を確保してしまう方法です。高価格を許容する新しい物好きの消費者に販売することで，早期に設備投資や技術開発の原資を確保することで，市場価格が下がってきたときにも低コストで生産できたり，差別化のできる高付加価値品を製造できたりする効果があります。

競争重視の価格設定

• 競合価格参照

消費者が価格に敏感な市場や成熟市場，またフォロワー企業などに見られる戦略で，市場の平均値・最安値，重要競合の価格などを意識するものです。

■■■ もう一歩踏み込んで　―割引の考え方―

　多くの商品で割引が販促の強力な手段となります。しかし，値下げした価格を消費者が記憶してしまうと，定価で売れなくなるリスクが生じます。そのため，割引時には閉店セールなど値下げの理由を説明して，特別なものであることを訴えておく必要があります。消費者の価格についての記憶を，内的参照価格といいます。

　内的参照価格に影響しない値下げの方法として，クーポンなども活用されますクーポン券面の表示が値下げ後の販売価格ではなく割引額や割引率などになっていることで，内的参照価格を維持する効果（割引後の価格を記憶させない）を期待するのです。ポイントカードなどを活用した値引きも内的参照価格の低下を防ぐ効果があります。ポイントカードには，顧客をつなぎとめる効果も期待されます。「せっかくここまでポイント貯めたので，もう少し増やして値引き特典をもらいたい」という心理に働きかけるわけです。

　ネットショップなどで見られる，口コミを書くと割引する特典は，販促コストを意識した割引方法といえます。ユーザーにプロモーションをしてもらうことで，自社の販促コストを使わないで済むわけです。

　ヘビーユーザーだけに安い価格を提示するのはサブスクリプションと同様に新規顧客獲得コストを意識した割引方法です。あらかじめ，累積購入回数によって割引率が上がることを説明しておけば，ポイントカードと同様の心理で顧客をつなぎとめることが期待できます。

　iPhone のラインナップなどは，高機能の上位機種で高い利益をあげると同時に，機能を削った廉価版でお得感を重視するユーザーのシェアを取るための割引戦略のようにも見ることができます。

**演習
課題**

課　　題

次の商品のうち一つを選び，どのような発想で価格が設定されたかを考え
てください。
・インターネット専業各社の生命保険
・Amazon Prime

ヒント：
　日本初のインターネット専業保険が誕生したのは 2008 年のアクサダイレク
ト生命であり，比較的最近のことです。それまでの生命保険会社との大きな
違いは何か，その違いは価格にどう影響することができるかを考えてみまし
ょう。

　Amazon Prime の価格戦略については，初期のものと現在のものを分けて
考えたほうが良さそうです。ここでは現在の Amazon Prime について考えて
ください。現在の同サービスは様々なサービスが組み合わされて成り立って
います。サービス全体を調べてみましょう。現在の構成は価格にどのような
影響を及ぼすものになっているでしょうか。
　手始めに，それぞれのサービス単体に価格を設定したらどうなるかを考え
てみることが有効かもしれません。

解答

課　　題

・インターネット専業各社の生命保険

　以前の生命保険は外交員と呼ばれる販売員が個別に時間をかけて説明し，顧客の状況に合わせてオプションを組み合わせて保険を設計する販売方法が主流でした。保険加入は販売側にとっても購入側にとっても時間と手間がかかるものであり，そのため多くの加入者は他社と比較することなく，説明を受けた会社（あるいは縁のある会社）の保険に加入していました。保険会社にとっての最重要課題はチャネルの拡大であり，多くの外交員の人件費コストが保険料に上乗せされることになっていました。

　ネット専業保険では，最短では年齢・性別・保険種類を入力するだけで，気軽に加入できる仕組みを構築したため，コストを大幅に削減することができ，加入者の増加につなげています。保険商品はコストプラス法によって料率を設定して認可を受ける必要がありますが，低コスト化により競合価格に配慮した価格設定ができたことになります。

・Amazon Prime

　初期のプライム会員には送料の無料や配送の早期化といった特典しかなかったにもかかわらず，通信販売の配送に関する不満・不安を解消した画期的なサービスとして注目されました。その後様々なサービスを追加しながら発展したプライム会員の価格設定は，Prime Video，Prime Music など変動費のあまりかからない商品を売り物にしている点がすぐれています。これによりロイヤリティを高めた顧客は，商品の購入の際に，まず Amazon を検索するようになります。合計額に着目した価格戦略が見事に組み合わされています。

10-3　価格設定と他の戦略

　マーケティング・ミックスは様々な戦略と影響し合います。マーケティング・ミックスの一つである価格戦略は，とりわけ，競争戦略・ターゲティング・ブランド戦略に大きな影響を受けます。

　前節の「もっと踏み込んで」で解説した内的参照価格は，特定の商品（ジェットストリーム）だけではなく，商品カテゴリ（ゲルインクのボールペンあるいはボールペン）についても，作り上げられます。売場にジェットストリームしかなく，前日より安く販売しても，競合よりコスト・パーフォーマンスが悪いと判断されれば購入されないことがあります。

　ターゲティングと価格も相互に影響します。1994年発売当時の SONY のプレイステーションの価格は 39,800 円でした。競合のスーパーファミコンの定価が 25,000 円ですから 6 割も高い価格設定になります。この価格を可能にした要因の一つは同機種の機能性である 3DCG 表現だったと言えます。機能を高めることにより，ゲームコンテンツに高い美術的要素を求めるセグメントを取り込むことができたわけです。さらに後継機には DVD プレーヤーとしての機能も付加することにより，DVD 視聴者というセグメントも取り込んでいます（当時の DVD プレーヤーはプレイステーション 2 より高額でした）。

　もちろん，ターゲット層にとっての受容価格帯も検討しなければなりません。

　ブランド戦略は価格に大きな影響を及ぼします。企業ブランドも含めたブランド力を高めることによって，「安心できる」「ステイタスになる」などの付加価値分の価格を上乗せできるようになるからです。もちろん，ブランド力の維持には，高品質や上質な買物空間などの 4P のコストが必要となってきます。

また，高価格に設定し，その価格に見合ったコストを支払うことでブランドを高める，あるいは維持する考え方もあります。ブランドと価格はニワトリとタマゴの関係と言えます。

　4Pの他の要素も価格と密接に関わります。マーケティング・ミックスのなかで収益に直接プラスに作用するのはPriceだけです。他の要素は，コストとして直接的にはマイナスに作用します。

　売上金が使われる用途を考えることで，売価の構成要素を考えてみましょう。

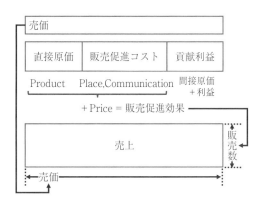

図 10-5　マーケティング・ミックスと売上

　売上金の中からは仕入代金や製造費，材料費などといった直接原価が支払われます。これは図10-3でいうとAのゾーンで，4Pで言えばProductがその中心です。また，販売促進のコストも支払われます。図10-3のBとCのゾーンで，PlaceやCommunicationのコストのほとんどがここに属します。（Placeのコストは物流費・在庫費用・販売代理店へのリベートなど）。Price以外の3要素は，Priceと組み合わされて販売促進効果として間接的に販売数に影響しますが，直接はコストとして存在し，利益のマイナス要因です。ここまでのコストを差

し引いた残りが本社の人件費や家賃といった間接費と利益になります。この商品（事業）が企業全体のコストと利益に貢献する部分なので貢献利益といいます。

そして，売上は図の下側で売価×販売数の面積で表されます。売上，利益に直接プラス方向に作用できる Price の重要性について，しっかり理解してください。

価格を下げることで競争をする場合，他の手段・戦略を見直すことは欠かせません。見直す目的はコストの削減です。この商品はいくらで売れるかではなく，このくらいの価格で売って，自社が適正な利益を得，顧客が期待するニーズを満たすためには，どのような Product・Place・Communication が考えられるかという方向性での検討になります。

低価格志向の市場浸透価格戦略も，他社の参入前に大量生産による低コスト体制を構築することを想定するものです。低価格なら低コストが鉄則です。

Product では製造（仕入）コストの削減・廉価版製品の開発などを検討します。（大量生産による製造コスト削減を目論むときは，在庫の増大による倉庫費用やキャッシュフロー，金融費用にも注意が必要です）。Place ではインターネット専業保険で見たような販売コストの削減，Communication においては新規顧客の獲得コストが大きいことに注目し，リピート購入を促すなど LTV を高める取り組みが考えられます。

もう一歩踏み込んで ―LTV を高めるマーケティング・ミックス―

LTV（Life Time Value 顧客生涯価値）を高めるためには顧客との関係の強化が重要とされます。ハーレーダビッドソンは顧客にハーレーオーナーズグループ（H.O.G.）への参加を促し，会報の出版，イベントの開催，ミュージアムの開設などを通じてバイクを楽しむ人生・力強いライダーのイメージを共有することで，ブランドの思想を顧客と共有する Communication 戦略を成立させています。

価格面から LTV を高める施策を検討することもできます。

サブスクリプションは，1回（毎月）の単価を低くすることで購入を促し，継続による累計額に着目しています。

前節の「もっと踏み込んで」でポイントカードやヘビーユーザーについて「顧客をつなぎとめる効果」と説明した内容は，「LTV を高める効果」と言い換えることができます。

最後に，競合商品を使用している消費者に，自社商品に乗り換えてもらうことを考えてみましょう。長年利用している理由には，強化された関係やヘビーユーザーへの「継続割」だけでなく，スイッチングコストを嫌う心理があります。

スイッチングコストとは，乗り換えることで新たに発生するコストで，金額だけでなく，時間や手間・心理的負担も含まれます。操作方法が変わることの不安を解消する丁寧な説明や，乗り換えることで生まれるメリットを説明するだけでなく，価格面ではスマートフォン販売で見られる「のりかえキャッシュバック」のようにスイッチングコストを上回る価格メリットを提示することもできます。

演習
課題

課　　題

　小売業などでは，マークアップ法や競合価格参照によって価格を決定することが効率的なため，一般的な方法となっています。しかし，まったく市場にない製品を開発した製造業や高いブランド力のある商品などの価格設定では，戦略的な価格設定が可能です。これは価格を設定することが難しい商品だと言い換えることもできます。

　サービスについて考えると，サービス提供者個人の技術・知識レベルや，利用者とサービス提供者との関係等によって満足度，価値は大きく変わります。このことから，小売に比べると価格設定は難しいものといえます。サービスの価格設定について検討してみることにしましょう。

　アロマオイルマッサージの勉強をしてきたあなたが，都心部でアロママッサージ店を開業するとします。どのように価格を設定するか考えてください。

　実際の金額よりも，決定までにどのような順序で情報を収集・検討するのかを考えることが，演習の目的です。商品・サービスによって価格の検討方法は異なります。それは，商品・サービスによって購入時に検討するアプローチが異なることを反映しています。この点に留意して，価格戦略に関係する他の戦略，他のマーケティング・ミックス要素をどのような順番で検討するか，どのように情報を集めるか，また，Price 以外のマーケティング・ミックスの要素についても考えてみてください。

課　題

　まず，全国的な標準価格を探るために，小売物価統計調査（動向編 2020）を参照します。政府統計は WEB サイト（e-Stat）にまとめられており，その多くでは評価前の元データをダウンロードできるので便利です。県庁所在地と人口 15 万以上の市のマッサージの平均価格は 2,767 円（秋田市）から 6,400 円（横浜市）と大きな差があります。アロマ以外のマッサージも多く含まれていると想定されるため，この数値をそのまま参考価格にはできませんが，少なくとも地域の価格差を意識すべきだというヒントは得られました。続いて地域について考えます。

　利用者の多くは職場と自宅の間のどこかでマッサージを利用すると考えられます。そこで出店予定地の沿線の主要ビジネス街から住宅地までのいくつかの街を競合地域として価格を調査します。新宿，渋谷といった消費地は勤務地・自宅と関係なく人が訪れるため，域内と近隣の同様の消費地が競合エリアになります。

　安定的で効率的な経営のために，新規顧客獲得より LTV 向上を目指したほうがよく，継続による割引はぜひ導入したいところです。

　バンドリングとしてアロマオイルの販売を検討することもできます。競合エリア内にアロマオイルの販売店がなければ，品揃えを充実させたり，オイルをロスリーダーとして活用したりするという戦略も考えられますが，近くにアロマオイルに強い小売店があるようなら，在庫コストを考え，アイテム数を絞って利益の取れる価格にします。

　価格以外の戦略としては，アロマのある生活に関する情報を随時提供したり，アロマを楽しむコミュニティー構築を図ったりして LTV を向上させることや，居心地のいい空間デザイン・接客などでブランド力を高めることを検討します。

第11講義
流通戦略

ここを 学ぼう	戦略的な販路構築とは？

　流通はマーケティング・ミックス（製品，価格，流通，プロモーション）を構成するマーケティング手段の一つです。あらゆる製品やサービスが販路（＝流通ルートもしくはチャネル）を通って消費者の元に届くわけですから，流通戦略は企業にとって，最も重要なマーケティング手段と言っても過言でないでしょう。

　本講義では，流通戦略を考える前に，はじめに流通というマーケティング手段の"とらえ方"について説明します。特に，マクロ視点から見た流通の全体構造とっミクロ視点から見た個々の企業の流通戦略の違いについて明らかにします。さらに，流通を構成する機能として今日最も重要な最終消費者と企業を結ぶ流通情報についても説明します。

　そして，それらの考察ポイントをしっかり踏まえた上で，従来の考え方に基づく流通戦略（販路の選択方法）と情報流通の活用をベースとした新しい流通戦略の考え方について，事例を用いながら説明します。

11-1 販路（販売ルート）の考察視点

　市場適応のための手段の３つ目は「流通」です。マーケティング目的を達成するための戦略的な流通ルート構築方法のことを，ここでは「流通戦略」と呼ぶことにします。市場適応に成功するために，「流通」をどのように捉えるべきでしょうか。あるいは，「流通戦略」をどのように考えるべきでしょうか。「流通」は，市場における適応活動にストレートな影響を及ぼすきわめて重要なマーケティング手段です。特に，その戦略の良し悪しが直接に売上高と利益に反映するという意味において，他のマーケティング・ミックス（「製品」「価格」「プロモーション」）にはないダイナミックな特質を備えています。また，「流通」は“モノの流れ”“カネ（金）の流れ”“情報の流れ”をすべて含む統括的な概念です。

　「流通」と「流通戦略」を考えるための視点は，次の３つとなります。

〈「流通」と「流通戦略」を考えるための３つの視点〉
① “マクロ視点”での「流通」と“ミクロ視点”の「流通戦略」の違いを理解すること
② 顧客（エンドユーザー・最終消費者）と企業を結ぶ双方向の“情報の流通”に着目すること
③ 販路（流通ルート）の“選択”について考えること

　①のマクロ視点とは，物事を全体として観察・考察するためのより大きな視点の事です。すなわち，マクロな視点による「流通」とは，流通を市場全体におけるモノと金と情報の動きとして捉える考え方です。これに対し，ミクロ視点の「流通戦略」は，販路構築による企業の適応行動の事を指します。全体システムである「流通」を先に学んだ上で，ミクロな戦略である「流通戦略」に

ついて考察することが戦略の理解には不可欠です。本書では，初めにマクロな「流通」について学び，その後，ミクロの「流通戦略」について考察します。

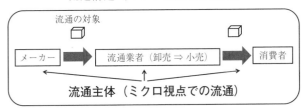

図 11-1　流通におけるマクロ視点とミクロ視点

　注意点②は，生産者と最終消費者流通ルート（経路）のとらえ方についてです。流通ルートは，商取引行為のための定量的データの交換（いわゆる商流）および取引対象となる商品の搬送（いわゆる物流）のためだけのものではありません。市場適応に成功するためには，顧客とのリアルな"コンタクト・ポイント"（接点）である流通ルートから，多種多様な定性的あるいは定量的な情報を獲得する必要があります。広く戦略的マーケティングの視点に立てば，企業と顧客の間にインタラクティブな（双方向の）情報伝達の道筋を設置することも，「流通戦略」の重要な役割の一つなのです。

◆商的流通機能（**商流**）：
　購買サイドの視点，販売サイドの視点（価格・チャネル）
　"小売零細性""卸の役割"

◆物的流通機能（**物流**）：
　輸送，保管
　"商物分離""多品種少量高頻度時間指定""logistics 戦略"

◆情報流通機能（**情報流通**）：
　生産者，卸，小売，消費者の間を行き来する定性的
　・定量的情報

図 11-2　3 つの流通"機能"

注意点③は販路（流通ルート）の選択についてです。従来の考え方によれば，メーカーが流通ルートを設定する際の基準は「チャネル選択基準」として知られています。メーカーは「チャネル選択基準」に従い，自社の「チャネル政策」を決定します。「チャネル政策」は，一般的に，「開放的チャネル」「選択的チャネル」「特約チャネル」の３つに大きく分類されます。

〈チャネル選択基準〉
① 製品単価
② 製品技術
③ 製品耐久性

　①の「製品単価」とは，文字通り価格のことです。一般に，「製品単価」が安ければ，より広範な消費者に大量に購入してもらう必要があるので，チャネルは開放的かつ多段階の長いものになるとされています。さらに，②の「製品技術」についてですが，一般的に，技術が高度な場合は，どうしても製品のアフターサービスが不可欠となります。小売業者では専門的な保守・修理はできません。あるいは，流通ルートが多段階の場合は，メーカーとしても迅速な対応が難しい場合が出てきます。技術性の高い製品の場合は，チャネルは短くなると言われています。選択基準の③は製品の耐久性です。賞味期限のある加工食品など耐久性が低い製品は，耐久性が高い製品よりも，チャネルが短くなるとされています。

もう一歩踏み込んで　―マクロ視点での流通の見方　TT と MT―

　"マクロ"視点で「流通」を論じる場合，かつては「トラディッショナル・トレード」と「モダン・トレード」の2つの"流通構造"が良く問題になりました。「トラディッショナル・トレード」とは，地域市場における伝統的流通のことで，T.T.（Traditional Trade）と略されます。「モダン・トレード」とは，いわゆる近代的流通のことで，こちらは M.T.（Modern Trade）と略されます。これら2つのマクロ流通の概念は，それぞれに特徴的な店舗形態や流通構造から成り立っています。T.T. に属する店舗形態は，いわゆる伝統的な地域性の強い小規模小売業態です。T.T. においては，取引の効率性よりも伝統的な商取引のスタイルが重んじられ，その流通構造は硬直的なものに成ります。一方，M.T. に属する店舗しては，スーパー・マーケットやホールセール・クラブといった大規模な近代的小売業態があげられます。M.T. 型の店舗は，T.T. とは正反対の効率性重視のものになります。マクロ流通が T.T. 中心の構造か，M.T. を主体としたものになるかは，市場の「文化的環境」や「社会経済的環境」によって決まります。

　日本のマクロ流通が諸外国（特に欧米）のそれと比べて特徴的なのは，T.T. と M.T. が混在している点です。大規模小売業態を見る限り，日本の流通は完全に M.T. に支配されているように見えます。しかし，実際のところは，店舗数だけで見れば，地場の専門店の数は近代的大規模小売店舗の数をいまだに上回っているのです。全小売店舗数の5割が中小規模専門店というデータも存在しています。日本の消費者は，マクロ流通の効率化による小売価格の低下や購買行動における利便性を歓迎する一方で，伝統的・歴史的な小売業態（T.T.）が提供してくれる商品やサービスの品質の高さをも重要視していることがわかります。

**演習
課題**

課　　題

　前節において，T.T.（トラディッショナル・トレード）と M.T.（モダン・トレード）の相違について述べました。これら 2 つのマクロ流通構造は，それぞれ特徴的な店舗形態や流通構造から成り立っています。さらに国や地域によっても，T.T. と M.T. のどちらが強いかにも違いがあります。今日，多くの新興国にホールセール・クラブ（コストコなど）やコンビニエンスストアが進出していますが，一方，それら国々において，日常的な消費生活の中心に位置しているのは，やはり地域の零細小売や生鮮市場（いちば）などのトラディッショナル・トレードです。日本においても，もちろん消費生活の中心はすでに大規模小売業（スーパー，コンビニなど）に移行していますが，商店街や地域の小売店舗もまだその機能を果たしています。

　では，なぜ，流通の近代化が急速に進む日本において，T.T.（トラディッショナル・トレード＝地域の小売店や専門店）は存続しているのでしょうか。日本における中小零細小売店の現状や日本独自のマクロ流通構造を踏まえつつ考えてみてください。

課　題

　マクロ視点での流通構造を決定づける主たる要因は，以下の２つです。

〈流通構造（マクロ流通）の決定要因〉
① 　商取引における人的・歴史的関係の尊重
② 　卸売業の存在

　これら２つの決定要因のうち，①取引における人的・歴史的関係の尊重は，前節で説明した"文化的環境要因"です。ここでは，②「卸業の存在」を踏まえ，日本独自のマクロ流通構造について説明します。
　今日なお，日本の総小売業者の５割近くが小規模専門店です。多数を占めるこれらの零細小売にとって，日常的な問題は，仕入代金決済と商品販売の間のタイムラグです。当然のことながら，商品が売れ残った場合は「資金繰り」が悪化することになります。M.T.（モダン・トレード）に属する大型店は商品ポートフォリオが組めますから，資金ショートのリスクは大きくはありません。しかし，経営的に厳しい状況にある零細小売店にとって，資金確保は死活問題です。日本の卸（問屋）の最も重要な機能の一つが，こうした店舗の「回転資金」の負担機能なのです。地域的な繋がりのある"お馴染"の卸は，零細小売店が商品を売り切るまで，決済を引き延ばしてくれます。これは，卸が資金を融通していることに他なりません。我が国の零細小売店は，特定の卸との結びつきの中で，存続し続けているのです。

11-2　従来型の販路決定方法

前項 11-1 で見たように，従来からの販路（流通ルート）の基準は，「製品単価」
「製品技術」「製品耐久性」の3つとなります。「製品単価」が安ければ，より
広い販路を確保する必要がありますから，多くの卸売業や小売店と取引を行う
必要があります。製品自体やそれに付帯する「製品技術」が高度であれば，ア
フターサービスの必要が生じ，販路は生産者と最終消費者と直接結ぶ，より短
いものになります。また，「製品耐久性」が低い製品は，長時間の搬送には向
きませんから，当然，販路は短くなります。

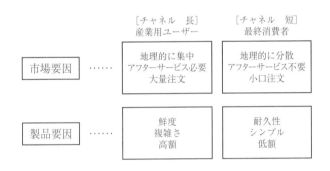

図 11-3　従来型のチャネル（販路）設定基準

以上，従来型の販路選択の基準に基づけば，流通戦略（従来型の流通戦略）は
以下の3つに分類されます。

①「開放型チャネル」：自社の製品をできるだけ広範に流通させようとする
流通戦略です。多くの中間流通業者が介在することになり，流通ルートは広く
かつ長くなります。

②「選択型チャネル」：メーカーの基準に沿って流通業者を選別しようとす
ることです。販路選択の基準としては，前節における製品ベースの販路選択基
準の他，流通業者の資金力，同じく事業規模，同じくメーカーへの忠誠度など

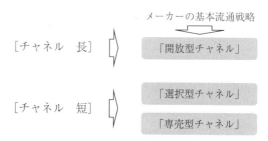

（従来の）「チャネル長短」と「メーカーの基本戦略」

メーカーの基本流通戦略

[チャネル　長] ⇨ 「開放型チャネル」

[チャネル　短] ⇨ 「選択型チャネル」

「専売型チャネル」

図 11-4　従来型の流通戦略

があげられます。

　③「専売型チャネル」：狭い流通ルートを志向するという意味においては，この「専売型チャネル」も一種の「選択型チャネル」であると筆者は見ています。専属販売店あるいは代理店などを設置することにより，流通に対する支配力（強制力）を強めようとするのがその狙いです。

　従来型の「販路選択基準」および「チャネル政策」には問題もあります。製品単価，製品技術，製品耐久性といった事柄はあくまでも自社の経営資源の状況に過ぎませんから，市場に対する考察や分析はそこにはありません。また，このような「チャネル政策」の考え方は，様々なマーケティング手段の組合せ（マーケティング・ミックス）を用いて市場適応を行うマーケティング本来の視点を踏まえていませんから，戦略的であるとは言い難いのです。

**演習
課題**

課　題

　本文中で示した製品の特質に基づく，従来型のチャネル選択基準は以下の通りです。ここで示した基準の他に，「チャネル選択基準」として"ブランド"（ブランド力の強弱）を含める考え方もあるのですが，この考え方についてあなたはどう思いますか。製品のターゲット（標的市場）を踏まえて，考えてみましょう。

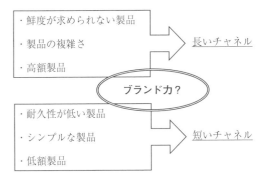

・鮮度が求められない製品

・製品の複雑さ

・高額製品

→ 長いチャネル

ブランド力？

・耐久性が低い製品

・シンプルな製品

・低額製品

→ 短いチャネル

図　製品の特質にもとづくチャネル選択基準

課　題

　確かに，何人かの研究者は，もうひとつの基準として，ここに製品の「ブラ
ンド力」を加えています。そして，「ブランド力」が強い製品は広く市場に受
け入れられている製品であるから，より多くの顧客に届くように，チャネルは
必然的に開放的になると主張しています。

　しかし，戦略的に考えれば，限定的な狭い標的市場（ターゲット）に対して，
選択的な細い流通ルートを設定する場合もあるわけですから，こうした（製品
のブランド力⇒広範な流通ルート）という考え方が必ずしも正しいとは言えな
いでしょう。

11-3　戦略的な販路構築とは？　―インテルのケース―

　11-1 販路（流通ルート）の考察視点の注意②で示したように，流通ルート（販路）は，モノの流れとしての「物流」，取引（売買契約）の流れとしての「商流」の他に，生産者と最終顧客（あるいはエンドユーザー）との情報交換のための経路，すなわち「情報流通」としても機能しています。ここで言う「情報流通」とは，顧客との双方向のコミュニケーションルートを意味します。

　前項11-2において，従来型の販路選択方法を紹介しましたが，効果的な「流通戦略」に不可欠な機能が，生産者と顧客との間の双方向のコミュニケーションルートである「情報流通」なのです。また，その「情報流通」構築の際に，流通以外の他のマーケティング手段を併用することも大事なポイントです。ここでは，世界的な半導体メーカーである「インテル」の事例で説明したいと思います。

　米国企業 Intel 社（インテル）は半導体メーカーですから，その流通はエンドユーザーに直結したものではありません。いわゆる "B to B" と呼ばれる流通形態です。しかし，その「流通戦略」には，より戦略的に流通を構築するための重要なヒントが見出されます。

　「インテル」は1990年代初頭から，"Intel Inside"（インテル・インサイド）として知られる有名なプロモーション活動を展開し始めました。これは，インテルが自社製品の目立つところに "Intel Inside"（インテル・インサイド）のステッカーを貼付し，最終消費者向けプロモーション活動を行うものでした。このメーカーによる最終消費者向けのプロモーション活動は功を奏し，1992年における「インテル」の売上は前年比 63％も増大しました。

　半導体メーカー⇒PC メーカー⇒エンドユーザーという流通は，言うなれば，生産財（部品）である半導体の流通経路です。同時に，「インテル」にとっては，

この流通経路は最終消費者に生産財（部品）である半導体を認知させ，その製品とブランドの存在を認識させるためのコミュニケーションルート（情報流通ルート）でもあるわけです。インテル社は，このプロモーション戦略により，直接の取引相手であるPCメーカーへの流通ルートに加え，最終消費者であるPCユーザーへの流通ルートの構築に成功したのです。その結果，最終消費者のインテル製品への認知は揺るぎないものになり，PCメーカーも部品メーカーに過ぎないインテルとの結びつきをより強固なものにせざるを得ませんでした。

「インテル」(Intel)の消費者（エンドユーザー）へのアプローチ

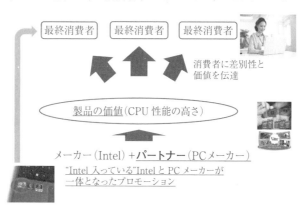

図 11-5　インテルは半導体の流通をいかに制したか？

　市場の"主役"である顧客との双方向の結び付きを作り上げることは，今日最も重要な「流通戦略」なのです。そのためには，販路（流通ルート）を核としたマーケティング手段のベストな組合せを作成することが不可欠となります。エンドユーザーとの結び付きを強めることこそが，メーカーにとって最も効果的な流通戦略とも言えるでしょう。

演習
課題

課　　題

　インテル社が，エンドユーザーとの間に自社製品とブランドの存在を認識させるためのコミュニケーションルート（情報流通のルート）を作り，中間流通者である PC メーカーへの販路を強固にして行った戦略は，別の見方をすると，本書の１・２講義で学んだ市場適応における“ミックスフィット”（複数のマーケティング手段相互のフィット）の成功例と見なすこともできます。

　インテル社の流通戦略を，ブランド（マーケティング手段のひとつ）を起点とした，“ミックスフィット”として，説明ください。

図　Mix Fit（ミックス・フィット）と Target Fit（ターゲット・フィット）

課　題

　インテル社がエンドユーザー（最終消費者）との結びつきを創り上げた戦略は，「流通」と「他のマーケティング手段」との組合せ（ミックスフィット）としてとらえる事もできます。

　市場の"主役"であるエンドユーザーとのつながりを考える場合，企業は顧客が自社製品に対して抱いている「イメージ」を把握しなければなりません。さらには，そうした「イメージ」を製品の販売に結び付けなければなりません。本書第9講では，こうした顧客が抱く製品イメージを「ブランド」（Brand）として説明しました。「ブランド」とは消費者が持っているイメージであり，消費者の商品選択行動や購買行動の誘発因となるものです。そして，この「ブランド」は，マーケティング・ミックス構成要素である「製品」に属します。

　マーケティング手段としての「流通」は，同じく手段としての「製品」（あるいは，その構成要素である）「ブランド」と深く結び付いているのです。さらに言えば，第10講の価格において見たように，マーケティング手段としての「流通」は「価格」とも強いつながりを有しています。効果的な「価格戦略」には，標的市場の明確化と「流通」の絞り込みが不可欠です。例えば，上層顧客向けの価格戦略においては，上層もしくは富裕層市場とのコミュニケーションの構築が不可欠となります。その場合の流通ルートは，そうした標的市場に合わせ，当然限定的な（あるいは"狭い"）ものになるはずです。市場適応のための"ミックスフィット"がここでも求められるのです。

第12講義
コミュニケーション戦略

ここを 学ぼう	プロモーションからコミュニケーションへ

プロモーションは従来，企業からのメッセージを消費者に伝えるためのものとしてとらえられてきました。

インターネットの発達は新たな伝達方法を追加しただけではなく，SNSなどで見られるように発信者を拡大したり，双方向の情報のやり取りを容易にしたりするなどの大きな変化をもたらしました。一方，消費活動の成熟は，マーケティング観を変化させ，消費者の声を重視する必要性が一層高まってきました。

この2つの潮流の中で，今後はプロモーション戦略をコミュニケーション戦略として捉え直す必要があります。

12-1　プロモーション論の変化

　企業が消費者に情報を伝えることは従来プロモーションと呼ばれ，広告・PR・販売促進・人的販売の4種類に分類されてきました。広告とPRは，消費者に対して告知し，消費者からの「○○ありますか」という問いを起点とする販売・仕入れ（下流の方から引かれること）を期待するものでPull戦略と呼ばれます。PRはPublic Relationsの略で，記事に書いてもらうなどの広報活動のことです。

　販売促進はSP（Sales Promotions）ともよばれ，メーカーが行うキャンペーンなどのこと。人的販売は販売店などに派遣した販売員の直接販売です。この2つは，「支援をするので売ってください」と販売者に，あるいは「買ってください」と消費者に働きかける（押す）のでPush戦略型として分類されています。

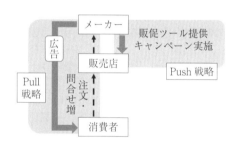

図12-1　Push型とPull型

　最近では口コミもプロモーション手法と捉えるべきとする考え方もあります。Pull型として分類できそうな気もしますが，コントロールしづらいこともあり，他の4つと並べるのには，難があります。

　コトラーとケラーはプロモーションではなくマーケティング・コミュニケーションととらえ，先の4つに「イベントと経験」「ダイレクト・マーケティング」の2つを加えました。ダイレクト・マーケティングは，店頭で対面する以外の

方法で消費者と直接コンタクトを取る方法で，通販やメールなどのことを指します。

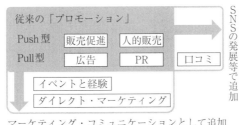

マーケティング・コミュニケーションとして追加

図 12-2　従来の Promotion 分類と拡大

　従来の4分類では説明しづらい情報伝達が行われるようになったため，他の分類が追加されきたわけですが，きれいに分類できているようには見えません。例えば，インフォマーシャルとよばれる TV ショッピングは，人的販売・広告・ダイレクト・マーケティングの要素を含んでいます。全分類を実施する必要があるわけでもなく，分類することで得られるメリットも考えづらいため，これらは分類（全体を重複しないで分割して説明すること）ではなく，マーケティング・コミュニケーションの手法の裾野の広がりとして捉えておきましょう。

　さて，第9講義で述べたようにブランドはすべての顧客接点で形成されます。コトラー，ケラーがマーケティング・コミュニケーションの中に経験を含めているのは，この点を意識しているからでしょう。ブランドを意識したマーケティング・コミュニケーションでは，企業が管理しやすい4分類だけではなく，顧客が企業や商品に接するすべての瞬間・コミュニケーションをホリスティック（全体的）に捉え，顧客との多様な接点のすべてを情報伝達の可能性として考えることになります。

　マーケティング・コミュニケーションの設計は，目的の明確化から始まりま

す。短期の売上増や販売店の強化が目的であれば Push 戦略，長期的にブランド力を高める目的であれば Pull 戦略・イベントや社会事業への協賛などを中心に考えることになります。目的が果たされたときのゴールはできるだけ計量可能な数値で設定したいものです。売上，認知率（商品名を覚えている消費者の割合など），好感度，リピート率などをゴール設定することで，施策の効果を評価することができます。

　目的とゴールはコミュニケーションに携わるチームが共有することが欠かせません。相手に理解してもらいたい内容・得てほしい感情が伝わったかどうかを確認して，細かく修正を加えていくのが双方向コミュニケーションの考え方です。様々な現場で目的・ゴールを共有することにより修正に必要なフィードバックを，より効果的なものにすることができます。

　マーケティング・コミュニケーションを考えるための要素は，コンテクスト・メディア・コンテンツの3つです。

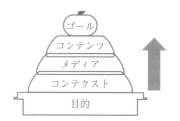

図12-3　マーケティング・コミュニケーションの設計

コンテクストは文脈。消費者が情報に接する時点の状態です。最初の要素は第5講義で検討した消費者の属性であり，次の要素はニーズを持っているか，購入を検討しているか，競合製品との比較を始めているかといった消費行動の状態（購買行動段階）です。

　メディアは媒体。マスコミ・ネット・店頭・人（営業マン・知人）など，情報の伝えられる場を意味します。コストを考えた上で内容を伝えやすい伝達ルー

トを選びます。雑誌によって，店員の表情や人柄によって，伝わる内容や効果が変わってくることも考えなければなりません。

　コンテンツは内容です。広告表現・キャンペーンの内容，セールストークなど受け取った情報の内容です。ここでは，伝える内容は魅力的か，効果的に伝わるか，どれくらいの量・頻度で伝えるかなどを検討します。

　どのような状態の人に，どのメディアを使い，どのようなコンテンツを届けるかの順に考えます。

　図 12-3 の各要素が重なる部分は互いの制約関係を表しています。

　例えば ICT デバイスに不慣れな高齢者に Youtube 広告は届きにくく，新聞広告は効果があります。ここから，コンテクスト-メディア間の制約関係（重なり）を理解できます。同様に雑誌には動画も音声も使用できず，時間の短い TV やラジオ CM には詳細情報を含ませるのは難しいといったことがコンテンツ-メディア間の重なりです。要素間の制約を考えると図の順序で検討することが効率的であることがわかります。

SNS でのバズや炎上，企業イメージが与える販売への影響など，製品の販売と企業の結びつきが強くなってきていることを考えると，顧客の生活時間のすべてという意味のホリスティックだけではなく，企業が関係するすべての領域に関してホリスティックに捉える必要もあります。消費者相手だけではなく，多くの相手に対してのコミュニケーションを考える必要があるのです。

図12-4　コミュニケーションの相手

従来から PR（Public Relations）では，その言葉どおり，社会全般との関係構築という目的が考えられてきました。企業が目を配らなければならない範囲は幅広く，消費者・取引先をはじめとして，従業員・求職者・投資家・近隣住民，業種によっては行政や同業他社などにも適切に情報を伝えていかなければなりません。

SDGs を考える時代の企業が果たすべき社会的責任（CSR- Corporate Social Responsibility）とそれに伴って発信すべき情報は今後も拡大が予想されます。このような情報に関してもマーケティングの考え方を取り入れて，図12-3の設計手順で検討していくことができます。

**演習
課題**

課　題　(1)

　有名メーカーの CM の演出やコピーの分析は様々なところで触れることが
できます。しかし，多くの企業にとって予算の制約上参考にならないことも
多いので，ここでは小規模なサービス業のコミュニケーション・ミックス（複
数のコミュニケーション手段の組み合わせ）の設計を考えることにします。

　個人営業のネイルサロンのコミュニケーション・ミックスを考えてください。
市街地から 2 駅離れた住宅地にある自宅の一室が施術場所です。

　開業から 1 年でまだ軌道に乗っていない状況ですが，2 人のパートタイマー
は友人の主婦なので，時々出勤してもらう程度の状況に不満は出ていません。
現在の主要顧客層は 30 代で，常連化していますが人数が少なく，顧客を増や
すことが経営課題です。

課　題　(2)

　次の質問に答えてください。
　「コンテクスト＝消費者の状態は企業側ではわかりません。計画をたてる上
でどのような方法で，個々の消費者の状態を把握すればいいのでしょうか。」

解説：コンテクストという言葉は一般に文脈と訳されます。マーケティング・
コミュニケーション設計の説明の中ではあまり使われない言葉かもしれませ
んが，顧客の属性，商品に対する知識やニーズ，関連情報についての理解度
などをまとめて表現する言葉として使っています。

課 題 (1)

　来店が必須のサービス業ではターゲットエリアの検討が欠かせません。この場合は立地する住宅地と，2駅離れた市街地のどちらかに，アクセスの良いエリアとしましょう。

　エリア別に展開できる新聞折込，ポスティングの活用の他，地域やショッピングセンターへの期間限定出店なども有効でしょう。現在のユーザーが常連化していることから，セグメントにあった技術が提供できていると想定されます。これまでに好評だった施術例の写真を公開しましょう。顧客層を拡大できるよう現在のセグメントから少し年代の幅を広げてターゲットに設定し，最適なメディアを選択します。現在の顧客層も有力なメディアです。紹介キャンペーンなどの設計も有効でしょう。

　SNSやメールに抵抗のない層なので，会話の中からライフスタイルを聞き取り，新しいネイルが必要となるイベントやネイルを作り変える周期などに合わせて個別に発信して，LTVを向上させることも大事です。

課 題 (2)

　コミュニケーション計画を立てる際には，個々の顧客の状態を把握するというより，どのような状態があり得るのかを並べてみることになります。それぞれの状態では顧客はどのようなニーズを持っていて，どのメディアに接することが多いのかを整理して，メディアごとに訴える内容を変えたコンテンツを配置すれば，結果的に顧客の状態に合わせた情報を伝えることができるようになります。第9講義で説明したカスタマージャーニーマップも参考にしましょう。

12-2 コミュニケーションの目的と設計

　プロモーションの目的＝最終着地点は買ってもらうこと（行動喚起），とされてきました。

　従来のプロモーション概念を双方向のコミュニケーションとして捉え直したとき，もう一つの着地点あるいは出発点としてニーズの把握が重要な目的となります。この2点を達成するためには，経由地としてさらに6つの目的を考えることが必要です。

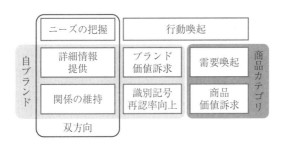

図 12-5　コミュニケーションの目的

　図の右側の列を下から説明します。同様の商品が今までなかったり，自社がマーケット・リーダーであったりする場合には，その商品（カテゴリ）が有用であることを伝える必要があります（商品価値訴求：タンパク質はなぜ必要か）。そして，その商品に対する具体的な需要を消費者の心の中に作り出します（需要喚起：ダイエットにはプロテインを）。直近の売上につなげるためには，さらなる工夫が必要です（行動喚起：今なら10% OFF）。

　売場で同一カテゴリの競合商品ではなく，自社ブランドを選んでもらうためには，中央列の経由地も必要となります。自社ブランドのマークを覚えてもらうこと（識別記号再認率向上）が必須です。違いのまったくわからない商品が売り場に並んでいたら，多くの人はどこかで目にしたマークの商品から手に取る

でしょう。街の看板に社名やブランド名，あるいはそのマークしか表示されていなくても，この目的は満たしていることになります。次に競合より優れているブランドであることを伝える（ブランド価値訴求）目的を果たせば，そのブランドに対する行動喚起がより強力な意味を持ちます。また，ブランド価値訴求には，購入後に自分の選択に感じる不安を解消する効果（やっぱりこれで良かった）もあります。

　左の列は双方向のコミュニケーションです。詳細情報提供には購入前の検討のためのものだけでなく，購入後のサポート情報の提供も含まれます。メルマガや各種会員プログラムなどで関係を維持することができれば，再購入を促す（行動喚起）ことも容易になりますし，商品の改良に向けて貴重なアイディアを提供（ニーズの把握）してくれるかもしれません。ニーズの把握から，新たな価値が創造されることは，消費者・企業がともに利益を得ていく共創につながり，現代のマーケティングが目指す姿の一つです。

　この図の中から，現在必要とされるいくつかの目的を選び出し，それに沿ってコミュニケーションを設計していくことになります。

　設定した目的に向かって設計したコミュニケーション計画が正しいものであったか判断するために，数値で表現可能なゴールを設定します。この商品・ブランドを選びたいと思う割合，識別記号を見たことがあると答える割合，再購入率，サポート利用率と評価などをアンケートで確認するなどの手法で達成率を計測できます。

　コンテクストについては，見込み客の状況だけではなく，影響者や決定者といわれる関係者にも注目します。一般的にマクドナルドでハッピーセットを購入するのは親（購入者）ですが，子供（影響者）に向けてのコミュニケーションをとることで，販売を促進しています。また患者（購入者）が服用する薬は，医者（決定者）が判断を下すことが一般的です。

　セグメント，ニーズの強さ，情報の理解度，状況等のコンテクストをターゲットとして定めてメディアを選定します。情報の理解度では，専門家とそうでない人に伝えるべき情報が違ったり，子供と大人向けでは表現が違ったりすることに配慮します。状況では購買行動段階の考え方が参考になります。興味を持つ前・情報収集中・検索比較中・購入後の使用中・使用した感想を周囲に伝えているなどの時期も設定してメディア・コンテンツの選択につなげます。

　本稿の「メディア」が広告媒体だけを指していないことを，もう一度確認しておきましょう。コールセンターの対応，セールストーク，店頭の陳列方法・値札・試食などブランドとのすべての接点を，本稿ではメディアとしています。メディアを検討する段階では，予算とのすり合わせを行います。コストを計算するためには露出量（放送回数・派遣人数・キャンペーン期間等）の決定も必要です。割引のキャンペーンもコンテンツの一つですが，第 10 講義で見たように大きなコストが必要なので合わせて検討します。

　カスタマージャーニーマップ（第 9 講義のブランディング参照）などを参考に，長期的に固定されるコミュニケーションが設計され，さらに現時点の社内外の状況から短期的に必要なコミュニケーションを検討します。

もう一歩踏み込んで　―IMCやPromotion分類の注意点―

　新しいコミュニケーション計画の枠組みとして統合型マーケティング・コミュニケーション（IMC　Integrated Marketing Communication）という言葉があります。プロモーションに利用する各種メディア経由の情報や，企業・製品などと触れ合った際の体験のすべてが一貫性を持つようにデザインする考え方です。ブランド・イメージが確固たるものになるためには，メディアを超えて一貫した体験が必要であることは，第9講義ブランディングの節でブランド力の公式として説明しました。しかし，IMCという言葉に潜む罠には注意が必要です。

　図12-2であげた様々なコミュニケーション手法のすべてを，あるいは複数の広告メディアを使わなければ，これからのマーケティングは成り立たないと思いこみ，広告代理店の売上をいたずらに増やす必要はないのです。たしかにメディア・ミックスが効果的なケースは多いですが，すべての手法を取り入れなければならないとの結論はあまりに乱暴すぎます。図12-2をコミュニケーション手法の広がりとして捉え，分類と考えないほうが良いと記した意図もここにあります。分類ごとに計画する必要はありません。

　利用するメディアの増加は，コストの上昇によるマーケティングROI低下のリスクだけでなく，体験の一貫性が崩れ，ブランド・イメージの崩壊につながるリスクも増大させます。後者のリスクに対応するために，充分にコントロール可能なメディアに絞って活用すべきです。

　異なるメディアでの体験に一貫性をもたせることは大事ですが，統合やホリスティック（全体的：消費者の生活のあらゆる局面）などの言葉に惑わされて，無駄な投資を行わないように気をつけたいものです。

**演習
課題**

課　　題

　下記の飲食店についてコミュニケーション方法を考えてください。
・メニュー：コーヒー・紅茶・国産クラフトビール・サンドイッチ・パスタ
・店舗：代々木公園駅近くの住宅街。テラス 8 席・室内 20 席，小型ペット
　　　　OK
　　　　内装はアーリーアメリカン調（オーナー義父による手作り）。
　　　　テイクアウトあり。周辺の飲食店はドトール・古くからの喫茶店，台
　　　　湾料理店（昼夜営業），寿司店（夜営業）など。
・営業時間：11 時から 21 時（火曜定休），
・スタッフ：40 代オーナー夫妻と大学生アルバイト（毎日 1 名）
・課題：平日昼の客数が少ない。人気のクラブハウスサンドでテコ入れしたい。

　席数などから経営規模を推定すると，テレビ CM などを活用できるとは思
えません。（TV で話題になったときに押し寄せる大量の人数をさばける席数で
はありません。ファーストフードではなく，座席の占有時間が長そうである
ことにも注意が必要です。）
　家族営業の飲食店として実行可能なコミュニケーション方法を考えること
になります。

課　題

　課題である昼の客数増のテーマに絞って考えてみましょう。もちろん，一つのアイディアであり，唯一絶対の正解ではありません。

　最初のステップは目的の設定です。競合の中から選ばれるための「ブランド価値の訴求」と実際に来店してもらう「行動喚起」，住宅街の平日昼に来店可能な顧客との「関係の維持」により常連化を狙いたいところです。

　第1のコンテクストとして平日の昼間に時間のある徒歩圏内の住民が考えられます。専業主婦，夜間勤務や時間・場所に自由があるフリーランスで，店の看板を見たことがある人たちでしょう。しかし，平日昼の自由度と徒歩圏をかけ合わせるとセグメントの人数が非常に少なくなります。そこで第2のコンテクストとして移動距離30分以内のペット連れを考えてみましょう。自家用車や電車・バスで少し遠出してもペットとの楽しい時間を過ごしたいと考えている人です。近くに代々木公園があることも活用できそうですし，今のメニュー数では飽きられてしまい難しい毎日の常連を諦めて，毎週や月に1回といった頻度の常連を狙ったほうが，裾野の拡大による売上の安定や，口コミの拡散を期待することができます。

　メディアとしては，ペットの写真の多いSNSアカウントとの相互フォローや，代々木公園でのクーポン配布，近隣の動物病院へのポスター掲示依頼などが考えられそうです。代々木公園で飛び入り参加OKのペット連れサンドイッチパーティーを定期的に開くことができれば，売上と同時に宣伝にもなります。

　コンテンツとしては，テイクアウトしてから公園と，公園散歩からの一休みの2つの過ごし方でペットと一緒に楽しめる店であることを表現する内容になります。

12-3 SNS・口コミの活用

　テレビなどのマス媒体の視聴率が低下していく傾向の中で，SNS をコミュニ
ケーションチャネルとして取り入れる企業が増えています。本節では SNS の
特徴について，口コミと合わせて検討します。

　消費者にメッセージを届けるコストを届いた人数で割ったものを到達コスト
といいます。資本力のある企業にとっては，多くの人の目に触れるテレビ CM
が最も到達コストが安く，SNS は活用法によってはきめ細やかな対応が必要と
なるため比較的高コストとなります。それでも多くの大企業が SNS の活用に
取り組むのは，マス広告には難しい視聴者との距離の近さや双方向性を活かし
てブランドのファンを獲得することを期待するからです。マス広告を打てない
規模の事業者にとっても，SNS は魅力的かつ貴重なメディアです。

　SNS には，以下の 3 つの活用法があります。

　1) 広報拠点型：WEB サイトのような網羅性・保存性を備えた SNS 発信の方
法です。自社サイトと同様に PR 拠点としてストック型の情報提供機能を持ち，
ブランド価値訴求や詳細情報の提供目的で利用されます。投稿者（「中の人」）
の工夫次第で親しみやすいものとなり，ファン層の獲得（関係の維持）が可能で
す。シャープのツイッターは，宣伝臭が少ないのに企業色が感じられる不思議
な魅力があります。井村屋ではフォロワーのツイートから具のない中華まん「す
まん」を開発するなど SNS の双方向性を上手く活用し，関係維持の目的も果
たすことができています。投稿自体が面白いことが大事ですが，商品を中心に
動きが感じられることが重要です。

　2) 販売促進型：行動喚起目的の情報発信を中心とした利用です。最も多い

のが LINE 公式アカウントや LINE のクーポンを通してお得情報などを一方的に配信するものです。需要予測技術と，SNS のセグメント向け発信の技術が進化することで，より戦略的で機動的な活用が見込まれます。ただ，宣伝色が強すぎれば簡単にブロックされるため，コンテンツの楽しさを工夫する必要があります。

3) UGC 活用形：自社ではなく消費者に UGC (User Generated Contents　一般ユーザーが作成したコンテンツ) を発信してもらう方法です。ユーザーが話題にする，あるいは企業の発信を引用してユーザー独自のコメントを付け加えてもらうことで，口コミと同様の強い力を持つことができます。購買決定に際して参考にする情報としては，口コミが最も重要であることは各種調査から明らかになっています。SNS に最も特徴的な点であり，マーケティング・コミュニケーションとして SNS を利用する際には，欠かすことのできない視点です。

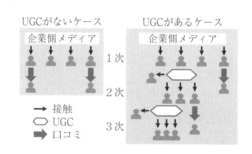

図12-6　UGC によるコミュニケーションの変化

UGC の有無でコミュニケーションがどう変化するかを図に表しました。

一次的なコントロールされたメディアとの接触から 2 次的な口コミや UGC が発生します。図では省略しましたが，UGC がない場合でも，さらに 3 次以降に情報拡散することもあるでしょう。

左右の違いの 1 点目は口コミと UGC の拡散の範囲です。2 次以降の情報伝

達に対面が必要ない UGC が入ることでより広く拡散することが可能となります。2 点目は情報の正確性です。記憶で伝える口コミと違い SNS ではコピペにより，2 次以降でも正確に情報が伝わる可能性が高くなります。3 点目は情報の信頼性です。UGC の発信者が好きな芸能人だったりした場合，企業からの情報より信頼されることがあります。4 点目は即時性と継続性です。企業メディアに触れて記憶に残っても，次に友人と会ってその関連する話題になるときまで伝えられない口コミと違い，SNS は即座に拡散することが期待できます。同様に UGC に触れるタイミングはまちまちであることから，時間がたった後も拡散が続くこともありえます。UGC 経由の情報が口コミより早く拡散したり，遅く拡散したりする様子を縦軸の位置から把握してください。また，一度話したら終わりとなることが多い口コミと違い，面白い UGC は何度も参照されることがあります。このため，即時の行動喚起だけでなく，長期課題であるブランド価値の訴求などの目的にも合致していると言えます。

　これらのことから UGC 活用では，以下の 3 点が重要と言えます。

・フォロワー数 1 万より，100 フォロワーを持つ 100 ユーザーをつかむ。
　（直接より UGC 経由の伝達のほうが好ましい）
・UGC を作りたくなる「ネタ」のこまめな発信。
・「ネタ」には伝えやすくハッシュタグになるようなキーワードを入れる。

もう一歩踏み込んで ―UGC の誘発―

　多くの UGC が生まれるきっかけとなる SNS 投稿（「ネタ」）は，簡単に見つかるものではありません。興味を持ってもらえそうな情報提供を続けるのが基本ですが，バズりやすいネタには以下のような特徴があるようです。

　ビジュアルを活用している

　写真は強いインパクトを持っています。また，情報量の多い写真には，引用投稿にあたって説明が不要であったり，説明部分が少ないことで自分が付け加えるコメントを引き立たせられたりする特徴があります。写真を使わない場合でも，文章の改行，句読点に感じる間－空気感で文字以外の情報が伝えられるため，投稿の文章はスマホ画面を意識した編集をすることが大事です。

　投稿者のキャラクターが感じられる

　「中の人」に共感してもらうためには，投稿者の人間味が感じられなければなりません。とはいえ，担当者の実生活に寄り過ぎれば，一般の個人投稿に埋もれてしまいます。消費者との接点にある商品や CM（出演者・音楽）などを起点とし，企業のカラーを体現したキャラクターとして投稿するのが良いでしょう。

　上手く「荒らし」ている

　日清食品はあえて「荒らし」ていることで，巧みにバズらせています。カップヌードルの合成肉に対して消費者が抱く疑問を～ただ成分・製法を説明するのではなく～，メーカー自ら謎肉とうたって関連商品まで開発したり，お笑い芸人の「どん兵衛は 10 分が美味しい」という情報に対して～ただ認めるのではなく～謝罪した上に，考案者のマキタスポーツさんとの対談の様子を公開したりしています。

演習
課題

課　題

　どのような基準で SNS を選び，中の人のキャラクター設定をしていったら
よいか，考えてください。

　SNS には様々な種類があります。力のある企業では複数の SNS を運用して
いますが，それぞれの SNS や，ユーザーに合わせたコンテンツの作りこみが
必要になるため，楽なことではありません。また，数種類の SNS に触れてい
るユーザーも多いため，SNS の種類を 3 倍にしたら効果が 3 倍になると保証
されているわけでもありません。しかし，1 つの SNS の展開から 2 つに広げ
ることで倍以上の効果が出ることもあります。相乗効果も考えられますが，多
くの場合は 1 つ目の SNS の選択が正しいものでなかったことが考えられます。
SNS 選択はこのように非常に重要な意味を持っています。
　また，中の人（企業側の投稿者）のキャラクターにより，魅力度が大きく変
わることを説明しました。SNS を活用したコミュニケーションの効果を高め
るためには，担当者の普段のキャラクターが受けるかどうかの運任せにせず，
戦略的にキャラクターを設定する必要があります。もちろん，担当者には個
性があるわけですが，設定されたキャラクターになり切ってコンテンツを作
り上げることが必要なのです。SNS を血の通ったものとするために，そして
ユーザーに受け入れてもらうために，どのようにキャラクター設定をしたら
よいか考えてください。

課　題

　SNS を活用したマーケティング・コミュニケーションを行うときに参考になる書籍やネットの情報は比較的簡単に手に入ります。複数の情報を読み流すと，概ね以下のようなことが，メディア別に書かれています。

　1) 主な利用者の年代
　2) 国内外の利用者数と増加トレンド
　3) 仕様・用語・使い方
　4) 投稿の特徴・成功事例・アドバイスなど
　これらの項目は移り変わりが多いので，本書では説明を加えていません。最新の情報を確認してメディアの違いを理解してください。

　可能であれば，アンケート調査などの方法で，実際に自社のターゲット層は，どの SNS を，どのように利用しているかを調査します。SNS でも図 12-3 で示したコミュニケーションの基本の設計方法が役立つはずです。
　次の作業は，ターゲットの目に触れそうな上位 2 つ程度のメディアについて，前述の情報にあった成功事例などを含めて改めて詳細に見ていきます。
　最後に，自社のカラー・企業イメージ・ブランドイメージなどを念頭に，信頼されたいのか，興味を持たれたいのか，応援されたいのか，目的に沿ったキャラクターを設定し，キャラクターと伝達内容を表現しやすいメディアを選択するのがいいでしょう。

・おわりに・

　実務においても，学問的な領域においても，マーケティングほど変化のスピードが速い分野はありません。毎年のように新しい概念が生まれ，様々なマーケティングツールが登場しています。マーケティングの革新スピードは，もちろん AI に代表される情報技術の普及やイノベーションと無縁ではありません。

　しかし，いかに技術が進化したとは言え，戦略を自由に発想し，行動についての決定を下すのが，人間の仕事であることには変わりはありません。むしろ強力なツールが簡単に手に入るようになったからこそ，戦略を考える人間の役割が大きくなったと言えるのではないでしょうか。

　筆者は，2011 年に「戦略的マーケティングの思考」と題した書籍を執筆し，マーケティングを戦略面から思考する事の重要性を強調しました。一方，この間，戦略的マーケティングを思考するための“演習テキスト”の必要性を痛感してきました。企業経営に豊富な実績を持つ志太正次郎も経営教育現場における経験から筆者と同じ思いを抱いており，この度，志太との共著という形で本書を出版する事となりました。志太が 4 講，5 講，6 講，9 講，10 講，12 講を執筆し，私が 1 講，2 講，3 講，7 講，8 講，11 講を執筆しています。

　マーケティング初学者の方々や企業でマーケティング業務に携わる若手の方々が本書を手に取り，戦略的な視点でマーケティングを“思考する力”を養っていただければ幸いです。末尾になりましたが，タイトなスケジュールの中，常に的確な助言を下さり，出版にご協力いただいた学文社の田中千津子社長と編集部の皆様方に，この場を借りて，厚く御礼申し上げます。

2022 年 2 月 27 日

　　　　　　　　　　　　　　　　　　　　　　　目黒　良門

参考文献

【第1講義】

日本マーケティング協会編（1995）『マーケティング・ベーシックス』同文館

目黒良門（2013）『戦略的マーケティングの思考』学文社

セオドア・レビット（Theodore Levitt）『マーケティング近視眼（Marketing Myopia)』DIAMOND ハーバードビジネスレビュー 2011 年 11 月号

【第2講義】

熊田喜三男編著（2000）『国際マーケティング戦略』学文社

日本マーケティング協会編（1995）『マーケティング・ベーシックス』同文館

目黒良門（2013）『戦略的マーケティングの思考』学文社

【第3講義】

チャンドラー著，有賀裕子訳（2004）『組織は戦略に従う』ダイヤモンド社

嶋口充輝（1986）『統合マーケティング』日本経済新聞社

嶋口充輝・石井淳蔵（1987）『現代マーケティング』有斐閣

目黒良門（2013）『戦略的マーケティングの思考』学文社

【第4講義】

ファーストリテイリング「FAST RETAILING WAY（FR グループ企業理念)」2022/2/1 https://www.fastretailing.com/jp/about/frway/

目黒良門（2013）『戦略的マーケティングの思考』学文社

【第5講義】

3M「ポスト・イット®ブランドについて」2022/2/1 https://www.post-it.jp/3M/ja_JP/post-it-jp/contact-us/about-us

日経クロステック「自己流「ペルソナ」で大ヒット商品生み出す」2022/2/1 https://xtech.nikkei.com/it/article/JIREI/20070914/282071/

【第6講義】

Counterpoint「Apple Captures 75% of Global Handset Market Operating Profit in Q2 2021」2022/2/1 https://www.counterpointresearch.com/global-handset-market-operating-profit-q2-2021/

W・チャン・キム（W.Chan Kim）・レネ・モボルニュ（Renée Mauborge）著，入山章栄監訳，有賀裕子訳（2015）『新版ブルー・オーシャン戦略』（原題：*Blue OceanS-*

trategy: How to Create Uncontested Market Space and Make the Competition Irrele-vant）ダイヤモンド社 81 ページ

【第 7 講義】

井徳正吾編著（2005）『広告ハンドブック』日本能率協会マネジメントセンター

田中洋（2006/4）『CM の舞台裏　大塚製薬　オロナミン C ドリンク』宣伝会議 690号

目黒良門（2013）『戦略的マーケティングの思考』学文社

【第 8 講義】

熊田喜三男編著（2000）『国際マーケティング戦略』学文社

目黒良門（2013）『戦略的マーケティングの思考』

A.C. サムリ（A.C. Samli）阿部真也・山本久義監訳（2010）『国際的消費者行動論』九州大学出版会

パンカジ・ゲマワット（Pankaj Ghemawat），望月衛訳（2009）『コークの味は国ごとに 違う べ き か』（原題：*Redefining Global Strategy: Crossing Borders in a World Where Differences still Matter*）文藝春秋

【第 9 講義】

オリエンタルランド「パーク運営の基本理念」2022/2/1 http://www.olc.co.jp/ja/tdr/profile/tdl/philosophy.html

川上徹夜（2016）『こだわりバカ』角川新書

国際連合広報センター「SDGs のポスター・ロゴ・アイコンおよびガイドライン」2022/2/1 https://www.unic.or.jp/activities/economic_social_development/sustainable_development/2030agenda/sdgs_logo/

定期購入 EC 通信「Soup Stock Tokyo の「秋野つゆ」の成功事例からみるペルソナ設定について」ペルソナ設定の成功事例「Soup Stock Tokyo」2022/2/1 https://what-toeatbook.com/persona-3/

Apple「iPad」2022/2/1 https://www.apple.com/jp/ipad/

フィリップ・コトラー（Philip Kotler）・ケビン・レーン・ケラー（Kevin Lane Keller）著，恩藏直人監修，月谷真紀訳（2014）『コトラー＆ケラーのマーケティング・マネジメント第 12 版』341 ページ

【第 10 講義】

大沼八重子（JA 共済総合研究所）「生命保険販売におけるインターネットチャネルの現状」2022/2/1 https://www.jkri.or.jp/PDF/2019/Rep165onuma.pdf

ひまつぶしぶろぐ「【ゲーム】歴代ハード発売当時の価格と値下げ時の価格一覧」

2022/2/1 https://www.mintscore333.com/【ゲーム】歴代ハード発売当時の価格と値下げ時 /

Harley-Davidson, Inc.「ハーレーオーナーズグループ」2022/2/1 https://www.harley-davidson.com/jp/ja/content/hog.html

総務省統計局「小売物価統計調査（動向編）2020」6221 マッサージ料金 2022//1 https://www.e-stat.go.jp/stat-search/file-download?statInfId=000032079695&fileKind=0

【第 11 講義】

五反田建義，寺本義也（2004）『生産財企業におけるコーポレートブランド戦略の本質』経営品質学会　2004 年秋季研究発表大会資料

田口冬樹（2020）『体系流通論』白桃書房

目黒良門（2013）『戦略的マーケティングの思考』学文社

目黒良門（2018）『東南アジア市場参入のための流通戦略』白桃書房

V・カストゥーリ・ランガン（V. Kasturi Rangan），小川浩孝訳，小川孔輔監訳（2013）『流通チャネルの転換戦略』（原題：*TRANSFORMING YOUR GO-TO-MARKETING STRATEGY*）ダイヤモンド社

Tim Jackson（1997）Inside Intel　Harper Collins Publishers LTD

【第 12 講義】

topics SWEN「10 分どん兵衛　マキタスポーツ　日清担当　緊急対談」2022/2/1 https://www.youtube.com/watch?v=meeuYm6CLVk

井村屋「「すまん」発売のご案内」2022/2/1 https://www.imuraya.co.jp/news/2021/details223/

シャープ「シャープ公式アカウント（twitter）」2022/2/1 https://twitter.com/SHARP_JP

フィリップ・コトラー（Philip Kotler）・ケビン・レーン・ケラー（Kevin Lane Keller）著，恩藏直人監修，月谷真紀訳（2014）『コトラー＆ケラーのマーケティング・マネジメント第 12 版』17 章

〈著者紹介〉

目黒　良門（Ramon MEGURO）
（第1・2・3・7・8・11講）

1961年生まれ
現職：専修大学経営学部教授
専門：グローバルマーケティング論，
　　　グローバル流通戦略

志太　正次郎（Shojiro SHIDA）
（第4・5・6・9・10・12講）

1963年生まれ
現職：中小企業診断士，産業カウンセ
　　　ラー
　　　専修大学経営学部外部講師（ビ
　　　ジネス研究）

戦略的マーケティングの基本演習12講

2022年4月20日　第1版第1刷発行
2024年1月30日　第1版第2刷発行

　　　　　　　　　　　　　　　著　者　　目黒　良門
　　　　　　　　　　　　　　　　　　　　志太正次郎

発行者　田中　千津子　　　　〒153-0064　東京都目黒区下目黒3-6-1
　　　　　　　　　　　　　　電話　03（3715）1501 ㈹
発行所　株式会社 学 文 社　　FAX　03（3715）2012
　　　　　　　　　　　　　　https://www.gakubunsha.com

ISBN 978-4-7620-3161-8